KÖNIGS ERLÄUTERUNGEN
Band 415

Textanalyse und Interpretation zu

Christa Wolf

MEDEA. STIMMEN

Volker Krischel

Alle erforderlichen Infos für Abitur, Matura, Klausur und Referat
plus Musteraufgaben mit Lösungsansätzen

Bange Verlag

Zitierte Ausgabe:
Wolf, Christa: *Medea. Stimmen. Roman.* Frankfurt a. M.: suhrkamp taschenbuch, 2008.

Über den Autor dieser Erläuterung:
Volker Krischel, geb. 1954, arbeitete nach dem Studium der Germanistik, Geschichte, Katholischen Theologie, Erziehungswissenschaften, Klassischen Archäologie, Kunstgeschichte und Geografie mehrere Jahre als Wissenschaftlicher Mitarbeiter – besonders im Bereich der Museumspädagogik – am Württembergischen Landesmuseum Stuttgart. Heute ist er als Oberstudienrat in Gerolstein, Eifel, tätig. Er hat mehrere Arbeiten zu Autoren der neueren deutschen Literatur sowie zur Museums- und Unterrichtsdidaktik veröffentlicht.

Hinweis:
Die Rechtschreibung wurde der amtlichen Neuregelung angepasst. Zitate von Christa Wolf müssen auf Grund eines Einspruchs in der alten Rechtschreibung beibehalten werden.

2. Auflage 2013
ISBN: 978-3-8044-1936-0
PDF: 978-3-8044-5936-6, EPUB: 978-3-8044-6936-5

Titelbild: Maria Callas als Medea, Verfilmung IT/FR/BRD 1969
© Cinetext/Morgan
Druck und Weiterverarbeitung: Tiskárna Akcent, Vimperk

1. DAS WICHTIGSTE AUF EINEN BLICK – SCHNELLÜBERSICHT

Damit sich der Leser in diesem Band schnell zurechtfindet und das für ihn Interessante gleich entdeckt, hier eine kurze Übersicht.

Das 2. Kapitel beschreibt **Christa Wolfs Leben** und stellt den **zeitgeschichtlichen Hintergrund** vor:

⇨ S. 9 ff.
→ Christa Wolf wurde **1929 in Landsberg a. d. Warthe**, dem heutigen polnischen Gorzów Wielkopolski, **geboren** und lebte bis zur Wiedervereinigung in der DDR.

⇨ S. 16 ff.
→ Immer mehr Bürger der DDR wurden unzufrieden mit ihrem verknöcherten Funktionärsstaat.

→ Nach der gewaltlosen Revolution in der DDR und der **Wiedervereinigung** erfolgte bei Vielen die Ernüchterung.

⇨ S. 20 ff.
→ ***Medea* erschien 1996**. Neben dem erzählerischen Werk besteht Wolfs umfangreiches Gesamtwerk auch aus Essays, Tagebuchaufzeichnungen, Briefsammlungen, Aufsätzen, Reden und Gesprächen.

Das 3. Kapitel bietet eine Textanalyse und -interpretation.

Medea – Entstehung und Quellen:

⇨ S. 30 ff.
In *Medea* verarbeitet Christa Wolf ihre Erfahrungen mit und in der DDR sowie ihre persönlichen Erlebnisse nach der Wiedervereinigung.

Inhalt:

⇨ S. 35 ff.
Der eigentliche Roman umfasst (nach Vorbemerkung und Vorwort) **11 Monologe** (Stimmen), denen jeweils ein Motto vorangestellt ist.

Das Geschehen kreist um die kolchische **Königstochter Medea**, die mit dem Argonauten **Jason** nach Korinth geflohen ist. Während Jason sich dort immer mehr vom korinthischen Königshof vereinnahmen lässt, behauptet sich **Medea stolz und selbstbewusst**. Sie zieht damit aber Hass und Neid auf sich und wird schließlich zum Sündenbock gemacht und **aus Korinth verbannt**.

Chronologie und Schauplätze:

Die Handlungszeit erstreckt sich über mehrere Jahre. Handlungsort ist Korinth und, nach Medeas Verbannung, die Wildnis außerhalb der Stadt. ⇨ S. 67 ff.

Personen:

Die Hauptfiguren sind:

Medea ⇨ S. 76 ff.
→ heil- und zauberkundig, selbstbewusst, selbstlos

Lyssa ⇨ S. 82 f.
→ aktiv, energisch

Jason ⇨ S. 83 ff.
→ passiv, schwach, verantwortungslos

Glauke ⇨ S. 86 ff.
→ vereinsamt, labil

Leukon ⇨ S. 88 ff.
→ tolerant, passiv

⇨ S. 90 ff.

Akamas

→ klug, skrupellos

⇨ S. 92

Kreon

→ schwach, verantwortungslos

⇨ S. 93 f.

Agameda

→ neidisch, egoistisch

⇨ S. 94 f.

Presbon

→ eitel, dumm

Die Personen werden ausführlich und in ihrer Beziehung zueinander vorgestellt.

Stil und Sprache Wolfs:

⇨ S. 100 ff.

Im Gegensatz zu *Kassandra* verzichtet Wolf in *Medea* auf eine antikisierende Schreibweise und gebundene Sprache. Ihre Sprache ist hier einfacher, aber trotzdem elegant und flüssig. Durch differenzierte sprachliche und stilistische Mittel versucht sie die Charaktere zu unterscheiden.

Fünf Interpretationsansätze werden vorgestellt:

⇨ S. 103 ff.

Medea ist

→ ein politischer Schlüsselroman
→ ein autobiografischer Schlüsselroman
→ ein feministischer Roman
→ ein Flüchtlingsroman
→ ein psychologischer Roman

2. CHRISTA WOLF: LEBEN UND WERK

2.1 Biografie[1]

Christa Wolf
* 1929
© ullstein bild – SIPA

JAHR	ORT	EREIGNIS	ALTER
1929	Landsberg a. d. Warthe (heute: Gorzów Wielkopolski/ Polen)	Christa Wolf wird als Tochter des Kaufmanns Otto Ihlenfeld am 18. März geboren.	
1939–1945		Besuch der Oberschule	10–16
1945	Mecklenburg	Flucht und Übersiedlung nach Mecklenburg	16
1945–1946	Schwerin/ Gummelin	verschiedene Tätigkeiten, u. a. Schreibkraft beim Bürgermeister von Gummelin	16–17
1946	Schwerin	Besuch der Oberschule	17
1947	Bad Frankenhausen	Umzug, Besuch der Oberschule	18
1949		Abitur, Eintritt in die SED	20
1949–1953	Jena, Leipzig	Germanistikstudium bei Hans Mayer	20–24
1951		Heirat mit dem Germanisten und Essayisten Gerhard Wolf (geb. 1928), seither Zusammenarbeit u. a. an Anthologien und Filmprojekten	22
1952		Geburt der ersten Tochter Annette	23

1 Vgl. auch Stephan, Alexander: *Christa Wolf*; Baumer, Franz: *Christa Wolf*; Beitler, Ulrike E.: *Kassandra*; Meyer-Gosau, Frauke / Bock, Hans-Michael / Hammerschmidt, Volker / Oettel, Andreas: *Christa Wolf* und Wolfs Biografie im Internet: http://www.hdg.de/lemo/html/biografien/WolfChrista/index.html (Stand Mai 2011).

JAHR	ORT	EREIGNIS	ALTER
1953		Abschluss des Germanistikstudiums mit einer Diplomarbeit über „Probleme des Realismus im Werk Hans Falladas"	24
1953–1959	Berlin	wissenschaftliche Mitarbeiterin beim Deutschen Schriftstellerverband, Redakteurin der Zeitschrift „Neue Deutsche Literatur", Cheflektorin des Verlages „Neues Leben" in Berlin, Mitglied des Deutschen Schriftstellerverbandes	24–30
1955		erste von mehreren Reisen in die Sowjetunion, Mitglied des Vorstandes des Deutschen Schriftstellerverbandes	26
1956		Geburt der zweiten Tochter Katrin	27
1959–1962	Halle an der Saale	Umzug, praktische Tätigkeit in einer Waggonfabrik, Mitarbeiterin in „Zirkeln schreibender Arbeiter", freie Mitarbeiterin des „Mitteldeutschen Verlages" in Halle (Lektorin), Herausgeberin verschiedener *Anthologien* zeitgenössischer DDR- Literatur	30–33
1960		erste von mehreren Reisen in die BRD	31
1961		Buchveröffentlichung der Erzählung *Moskauer Novelle*, Kunstpreis der Stadt Halle	32
1962	Kleinmachnow bei Berlin	Umzug, freie Schriftstellerin	33
1963		erster großer Erfolg mit dem Roman *Der geteilte Himmel*, Heinrich-Mann-Preis der Akademie der Künste der DDR	34
1963–1967		Kandidatin des Zentralkomitees der SED vom VI.–VII. Parteitag der SED; nach einer kritischen Rede scheidet sie aus dem Gremium aus.	34–38

JAHR	ORT	EREIGNIS	ALTER
1964		DEFA-Verfilmung von *Der geteilte Himmel* (Regie: Konrad Wolf), Nationalpreis III. Klasse der Akademie der Künste der DDR, Rede auf der Zweiten Bitterfelder Konferenz	35
1965		Mitglied des PEN-Zentrums der DDR, Teilnahme am internationalen PEN-Kongress in Bud (Jugoslawien), Beitrag auf dem 11. Plenum der SED, Drehbuch zum Film *Fräulein Schmetterling* (gemeinsam mit Gerhard Wolf), der Film wurde nach dem Rohschnitt abgebrochen.	36
1967		*Juninachmittag* (Erzählung)	38
1968		„Etablierung im Literaturbetrieb“[2] mit der Erzählung *Nachdenken über Christa T.*	39
1969		Lesereise durch Schweden	40
1971		*Lesen und Schreiben. Aufsätze und Betrachtungen.* Polenreise	42
1972	Paris	*Till Eulenspiegel. Erzählung für den Film* (gemeinsam mit Gerhard Wolf), Ablehnung des Wilhelm-Raabe-Preises der Stadt Braunschweig, Aufenthalt in Paris	43
1973	Stockholm	Theodor-Fontane-Preis des Bezirks Potsdam, Teilnahme an der Tagung der PEN-Exekutive in Stockholm	44
1974		*Unter den Linden. Drei unwahrscheinliche Geschichten*, Mitglied der Akademie der Künste der DDR, Max-Kade-German-Writer-in-Residence am Ostberlin-College, USA	45

2 Vgl. http://www.hdg.de/lemo/html/biografien/WolfChrista/index.html (Stand Mai 2011).

JAHR	ORT	EREIGNIS	ALTER
1975		DEFA-Film *Till Eulenspiegel* (Regie: Rainer Simon) nach Motiven der Filmerzählung (Mitarbeit am Drehbuch), Lesereise in die Schweiz	46
1976		*Kindheitsmuster* (Roman), Mitinitiatorin des Protestes gegen die Ausbürgerung des Liedermachers Wolf Biermann	47
1977	Bremen	Ausschluss aus dem Vorstand der Berliner Sektion des Schriftstellerverbandes der DDR, Literaturpreis der Freien Hansestadt Bremen	48
1979		*Kein Ort. Nirgends* (Erzählung), *Fortgesetzter Versuch* (Aufsätze, Gespräche, Essays), Herausgeberin der Schriften der Karoline von Günderrode	50
1980	Darmstadt	*Lesen und Schreiben. Neue Sammlung*, *Gesammelte Erzählungen*, Georg-Büchner-Preis der Deutschen Akademie für Sprache und Dichtung, Reise nach Griechenland, *Geschlechtertausch* (Erzählungen, zusammen mit Sarah Kirsch und Irmtraud Morgner)	51
1981	Berlin	Mitgliedschaft in der Akademie der Künste (Westberlin), Teilnahme an der „Berliner Begegnung zur Friedensförderung"	52
1982	Frankfurt	Poetikvorlesung an der Universität Frankfurt, Uraufführung von *Till Eulenspiegel* am Niedersächsischen Staatstheater Hannover (Regie: Jürgen Schwalbe), Hörspielfassung des WDR von *Kein Ort. Nirgends*, Teilnahme am Haager Treffen, Lesereise nach Frankreich	53

JAHR	ORT	EREIGNIS	ALTER
1983	Ohio/USA	*Kassandra* (Roman), *Voraussetzungen einer Erzählung: Kassandra* (Frankfurter Poetikvorlesungen), Franz-Nabel-Preis, Graz, Schiller-Gedächtnis-Preis des Landes Baden-Württemberg, Ehrendoktorwürde der Ohio-State-University, USA, Gastprofessur an der Ohio-State-University, Lesungen in Los Angeles, San Francisco und New York, Lesereise in die BRD	54
1984		Gedenkrede auf Franz Fühmann, Mitglied in der Europäischen Akademie der Künste und Wissenschaften, Paris, Lesereise in Österreich und Italien	55
1985	Hamburg	*Ins Ungebundene geht meine Sehnsucht! Gesprächsraumromantik. Prosa, Essays* (gemeinsam mit Gerhard Wolf), Honorary Fellow, Modern Language Association of America, Österreichischer Staatspreis für Europäische Literatur, Ehrendoktor der Universität Hamburg, Lesereise nach Frankreich	56
1986		Mitglied der Freien Akademie der Künste, Hamburg, Teilnahme am PEN-Kongress in Hamburg, Reise nach Griechenland und Spanien, *Die Dimension des Autors 1959–1985*, zwei Bände (Texte)	57
1987		Nationalpreis I. Klasse der DDR, *Störfall. Nachrichten eines Tages* (Erzählung), Weinpreis für Literatur, Geschwister-Scholl-Preis	58
1989		Austritt aus der SED, *Sommerstück* (Roman)	60

JAHR	ORT	EREIGNIS	ALTER
1990	Hildesheim	*Was bleibt* (Erzählung), nach Angriffen auf Wolf als „Verfechterin des Sozialismus" und „Opponentin" des SED-Staates[3] Rückzug aus der politischen Öffentlichkeit, Ehrendoktorwürde der Universität Hildesheim, Orden „Officier des arts et des lettres", Premio Letterario Internazionale Mondello	61
1991		Honorary Member of the American Academy and Institute of Arts and Letters	62
1992–1993	Santa Monica/ USA	Stipendiatin des Getty-Centers, Santa Monica, USA	63–64
1993	Berlin	öffentliches Bekenntnis, zwischen 1959 und 1962 „Informelle Mitarbeiterin" der Stasi gewesen zu sein, *Akteneinsicht Christa Wolf* (Veröffentlichung ihrer Stasi-Akten 1959–1962), Veröffentlichung von 42 Bänden ihrer eigenen Überwachung durch die Stasi von 1969–1989, Austritt aus der Akademie der Künste (Berlin)	64
1994		*Auf dem Weg nach Tabou. Texte 1990–1994, Kindheitsmuster* (Roman), Mitglied der Vereinigten Berlin-Brandenburgischen Akademie der Künste, Rahel-Varnhagen-von-Ense-Medaille (zusammen mit Gerhard Wolf)	65
1996		***Medea. Stimmen*** (Roman)	67
1997		Prix Écureuil de Littérature Étrangère (zusammen mit dem Übersetzer Alain Lance), Aufführungen der Theaterfassung von *Medea* in Wien, Leipzig und München	68

3 Ebd.

JAHR	ORT	EREIGNIS	ALTER
1998		*Mitleidend bleibt das ewige Herz doch fest* (Rede/Essay zum 80. Geburtstag Heinrich Bölls)	69
1999		*Hierzulande. Andernorts* (Essays), Samuel-Bogumil-Linde-Literaturpreis, Elisabeth-Langgässer-Literaturpreis, Nelly-Sachs-Preis	70
2002		Aufführung von *Medea* in einer Fassung der Commedia Nova am „Theater hinter dem Vorhang", Stade, Deutscher Bücherpreis für ihr Lebenswerk, *Leibhaftig* (Erzählung);	73
2003		*Ein Tag im Jahr: 1960–2000*	74
2005		*Mit anderem Blick* (Erzählungen), Hermann-Sinsheimer-Preis für Literatur und Publizistik	76
2008		*Sommerstück, Die Lust, gekannt zu sein. Erzählungen 1960–1980*	79
2010		*Stadt der Engel oder The Overcoat of Dr. Freud* (Roman), Thomas-Mann-Preis, Uwe-Johnson-Preis für *Stadt der Engel*	81
2011	Berlin	Deutscher Hörbuchpreis Hörkules für *Stadt der Engel* Christa Wolf stirbt am 1. Dezember nach schwerer Krankheit.	82

2.2 Zeitgeschichtlicher Hintergrund

ZUSAMMEN-FASSUNG

Christa Wolfs Roman *Medea. Stimmen* kann nicht ohne den zeitgeschichtlichen Hintergrund verstanden werden:

→ Die Unzufriedenheit in der DDR
→ Die Ernüchterung nach der Wiedervereinigung
→ Die Kritik an Christa Wolfs Tätigkeit in der DDR

Die gewaltlose Revolution in der DDR und die Wiedervereinigung

Unzufriedenheit der Bürger mit der Staatsführung der DDR

1990 hatte sich die DDR mit der Bundesrepublik Deutschland wiedervereinigt. Der Wiedervereinigung war die gewaltlose Revolution in der DDR vorausgegangen. Viele DDR-Bürger, nicht zuletzt die, die an eine sozialistische Gesellschaftsordnung glaubten, waren mit der Staatsführung und ihrer verknöcherten Politik nicht mehr einverstanden gewesen. Anstelle einer sozialistisch-kommunistischen Gesellschaft mit gerechter Verteilung des Eigentums und gleichen Bürgern war ein Funktionärsstaat getreten, dessen Politik den Willen der Bürger überging und dessen Wirtschaft gerade mal die Grundbedürfnisse befriedigen konnte. Besonders der Staatsratsvorsitzende und Generalsekretär der SED, Erich Honecker, wollte seine Macht nicht aufgeben und blockierte jegliche Reform. So trafen sich die Bürger, die eine Veränderung bzw. eine Rückbesinnung auf die ursprünglichen politischen und gesellschaftlichen Werte/Wertvorstellungen wünschten, in den Kirchen, die ihnen Schutz sowie Unterstützung boten, und formierten sich dort zu Demonstrationszügen. Waren zuerst noch Forderungen wie „Wir sind das Volk“ zu hören, so änderte sich diese Forderung in „Wir sind ein Volk“ und schließlich in „Deutschland – einig Vaterland“, ein Zitat aus der verbotenen Strophe der Nationalhymne der DDR.

Viele Bürger, besonders auch die jüngeren, wollten keine Veränderung der inzwischen ungeliebten DDR mehr, sondern eine (Wieder-)Vereinigung mit der Bundesrepublik. Diese erschien vielen als das „Land ihrer Träume“, in dem es allen Menschen gut ging, in dem Wohlstand und Glück für alle herrschte. Die Bilder, die man im Westfernsehen sah, und die Besucher aus der Bundesrepublik schienen das zu bestätigen.

Unrealistisches Bild der Bundesrepublik Deutschland

Die Ernüchterung nach der Wiedervereinigung

Jedoch nach der mit viel Einsatz und Emotionen erreichten Wiedervereinigung erfolgte für viele ehemalige DDR-Bürger die Ernüchterung. Die Bundesrepublik war nicht das „Wirtschaftswunderland“, als das man sie gesehen hatte. Viele ehemalige DDR-Betriebe konnten sich auf dem freien Weltmarkt nicht behaupten und mussten Konkurs anmelden. Viele Ostdeutsche wurden arbeitslos, eine Erfahrung, die es in der ehemaligen DDR so nicht gegeben hatte.

Folgende Zitate aus Aufsätzen ostdeutscher Schüler zum Thema „Ein Jahr Wiedervereinigung“ zeigen die Gefühle vieler ehemaliger DDR-Bürger:

> „Am Anfang hat mir die Einheit gut gefallen. Aber da wusste ich noch nicht so viel über die alltäglichen Probleme.“
> „Da haben wir nun die Deutsche Einheit und ein Jahr danach ist alles so anders, als wir uns das vorgestellt haben.“
> „Das Ganze erinnert mich an ein unüberlegt angeschafftes Haustier, das zudem nicht ganz so zutraulich und pflegeleicht ist, wie vom Züchter versprochen.“[4]

---

4 Brune, Joachim; Flörchinger, Heribert u. a.: *„aber die Mauer bauen die Menschen selbst …“*, S. 21.

Christa Wolf äußerte ihre Enttäuschung und ihre negativen Empfindungen noch krasser. In einem Brief an Wolfgang Thierse schrieb sie über „die westliche Abwehrhaltung bis hin zum Ekel vor uns" oder über die früh wahrgenommene Tendenz der Bundesrepublik, „die DDR so unhistorisch wie möglich zum Phantom, ihre Bewohner zu Monster zu dämonisieren."[5]

Fremdenfeindlichkeit in der BRD

Zudem stieg in Deutschland mit dem Stagnieren der Wirtschaft die Fremdenfeindlichkeit. Eine Studie der Universität Marburg vom Sommer/Herbst 1992 zeigt dabei in erschreckender Weise, wie stark die Vorstellungen der Bevölkerung von der Wirklichkeit abwichen:

So glaubten die Deutschen z. B., dass 25 % aller Asylsuchenden nach Deutschland kämen. Tatsächlich waren es 1991 nur 1,4 % aller Flüchtlinge in der Welt, die nach Deutschland kamen. 70 % der Deutschen glaubten, dass Deutschland von den Ländern, die die meisten Flüchtlinge aufnehmen, auf Platz 1–3 läge, tatsächlich lag Deutschland 1991 auf Platz 23 aller Staaten.[6]

Aber auch die Gewalt gegen Ausländer und Minderheiten stieg enorm an. So stellte das BKA in den Zeiträumen

Januar bis April 1991:	130
Januar bis April 1992:	1081
Januar bis April 1993:	1658

fremdenfeindliche oder ausländerfeindliche Straftaten fest.

1992 kamen nach Angaben des Verfassungsschutzes in Deutschland bei Verbrechen mit rechtsradikalem Hintergrund 17 Menschen ums Leben.[7]

---

5 Zitiert nach Püschel, Ursula: *„Ich selbst bin die Protagonistin." Christa Wolf: ‚Medea. Stimmen.'* In: „Neue Deutsche Literatur", H. 2, 1996, S. 134 f.
6 Vgl. „Psychologie heute", Mai 1993, zitiert nach: Koch, Arno (Hrsg.): *Misch dich ein*, S. 7.
7 Pressestelle des BKA-Wiesbaden, zitiert nach: Koch, S. 11.

Hassvolle Anfeindungen, Unverständnis und Unkenntnis der Kultur und der politischen und gesellschaftlichen Verhältnisse „der Anderen", auch der ehemaligen DDR, schlugen Christa Wolf selbst entgegen. Als 1990 ihre autobiografisch gefärbte Erzählung *Was bleibt* erschien, löste sie neben Würdigung vor allem „Verärgerung, ja helle Empörung"[8] aus. Bei vielen Kritikern stand dabei gar nicht mehr die Erzählung, sondern vielmehr die Autorin im Mittelpunkt ihrer Kritik, die oft die Grenze zwischen sachlicher Auseinandersetzung und persönlicher Beleidigung und Verletzung überschritt.[9]

Die Autorin im Mittelpunkt der Kritik

Man interpretierte den 1979 entstandenen Text als Rechtfertigungsversuch Christa Wolfs. Sie, die in der DDR nur Privilegien genossen habe, versuche sich jetzt als Opfer des Systems darzustellen.

Als Christa Wolf 1993 gar bekannte, 1959 bis 1962 unter dem Decknamen „Margarete" als geheime Mitarbeiterin zunächst als GI (= Geheimer Informant/Gesellschaftlicher Informant) und später als IM (= Informeller Mitarbeiter) der Stasi gearbeitet zu haben, wurde ihre Begründung für ihre Tätigkeit und ihr langes Schweigen als „Heuchelei" ausgelegt und ein zweiter „Spießrutenlauf" begann.

Christa Wolf zog schließlich aus diesen Erfahrungen die Konsequenzen: Sie trat 1992 aus der Akademie der Künste (Ost und West) aus und veröffentlichte ihre Stasiakten in Buchform (*Akteneinsicht Christa Wolf*).

---

8 Janssen-Zimmermann, Antje. In: „Neue Deutsche Literatur", Nov. 1990, zitiert nach: Matzkowski, Bernd: *Erläuterungen zu Christa Wolfs ‚Kassandra'*, S. 81.

9 Vgl. die Zitate aus den Kritiken bei Matzkowski, S. 81 f.

2.3 Angaben und Erläuterungen zu wesentlichen Werken

ZUSAMMENFASSUNG

Das literarische Werk Christa Wolfs ist sehr umfangreich und vielfältig. So listet das *Kritische Lexikon der Gegenwartsliteratur* bis 1996 allein 40 Publikationen auf[10], darunter mehrere Romane und Erzählungen, aber auch Essays, Reden, Tagebuchaufzeichnungen, Briefsammlungen, Aufsätze, Gedichte und Gespräche.
Im Rahmen dieser Erläuterungen können allerdings nicht alle Publikationen Christa Wolfs behandelt werden. Im Folgenden werden daher nur ihre bedeutendsten erzählerischen Werke vorgestellt.

1961	1962	1965	1976
Beginn der literarischen Tätigkeit	**freie Schriftstellerin**	**Mitglied des PEN-Zentrums der DDR**	**Mitautorin des Protestes gegen die Ausbürgerung Wolf Biermanns**

1989/90	1993	2002	2010
Austritt aus der SED und Rückzug aus der politischen Öffentlichkeit	**Öffentliches Bekenntnis, „Informelle Mitarbeiterin" der Stasi gewesen zu sein**	**Arrangement mit der neuen politisch-gesellschaftlichen Situation in Deutschland**	**Literarische Auseinandersetzung mit ihrer politisch-sozialen Vergangenheit**

10 Meyer-Gosau, Frauke u. a.: *Christa Wolf*, S. A–C

Prägung durch das Spannungsverhältnis zwischen NS-Vergangenheit und sozialistischer Zukunft

Einsatz für das Recht des Einzelnen auf **Selbstverwirklichung**

Bewältigung der faschistischen Vergangenheit

Gegenwartskritik durch Rückgriff auf Figuren der europäischen Kulturgeschichte

Leiden an der DDR und der politischen Gegenwart der Bundesrepublik Deutschland

→

- 1961 *Moskauer Novellen*
- 1963 *Der geteilte Himmel*
- 1968 *Nachdenken über Christa T.*
- 1976 *Kindheitsmuster*
- 1979 *Kein Ort. Nirgends*
- 1983 *Kassandra*
- 1996 *Medea*
- 2002 *Leibhaftig*
- 2010 *Stadt der Engel*

Von Anfang an bedeutete Literatur für Christa Wolf ein Medium, um „über die autokathartische Artikulation eigenen Beteiligtseins Betroffenheit und Aufmerksamkeit an den Leser weiter zu geben".[11] „Betroffenheit" und „Aufmerksamkeit" beziehen sich dabei primär „auf das Verhältnis des Individuums zur sozialistischen Gesellschaft, auf das Verhältnis, das diese programmatisch und faktisch zu, ‚ihren Menschen' einging".[12] Christa Wolfs literarisches Schaffen darf daher nie losgelöst von Politik gesehen werden.

Wolfs literarisches Schaffen darf nie losgelöst von Politik gesehen werden

Schuld, Erinnerung, persönliche Verantwortung sowie die Humanisierung des Menschen, diese inhaltlichen Leitmotive, die

---

11 Hörnigk, Therese: *Christa Wolf*, zitiert nach: Meyer-Gosau, Frauke u. a., S. 1.
12 Ebd.

Christa Wolfs Werk bereits seit der ersten Erzählung prägen, sind bezeichnend für die Generation der DDR-Intellektuellen, die in ihrer Kindheit und Jugendzeit noch den Nationalsozialismus erlebt und sich den Aufbau des Sozialismus als junge Erwachsene zu ihrer Sache gemacht hatte.[13]

Moskauer Novelle (1959/1961)

So ist Christa Wolfs erste Erzählung *Moskauer Novelle* (1959/1961) noch sehr stark von dem Spannungsverhältnis zwischen der durch die nationalsozialistische Vergangenheit erzeugten Schuld und der „befreienden sozialistischen Zukunft" geprägt. In der Wiederbegegnung der deutschen Ärztin Vera Brauer mit dem ehemaligen Rote-Armee-Soldaten Pawel Koschkin in Moskau verlegt Christa Wolf neben dem Kampf um die Bewältigung der faschistischen Vergangenheit der Protagonistin auch die Problematik der historisch bedingten Begegnung zweier Völker in den Rahmen einer Liebesgeschichte mit all ihren subjektiven und emotionalen Aspekten.

Am Ende entscheidet sich Vera gegen Pawel und für „die Konvention". „Ihre Sühne wird in verantwortungsvoller gesellschaftlicher Arbeit für eine bessere sozialistische Zukunft liegen, deren Vorbild sie in der UdSSR kennen gelernt hat."[14]

Thematik noch recht unkonventionell

Der geteilte Himmel (1963)

Ist in dieser Erzählung die Thematik sowohl literarisch wie ideologisch noch recht konventionell dargestellt, so durchbricht Christa Wolfs nächstes Buch *Der geteilte Himmel* (1963) bereits diesen Rahmen. Der Roman entwickelt aus zwei Erzählperspektiven die Geschichte der Protagonistin Rita Seidel.

Neben der Rückschau der nach einem (vermutlichen) Selbstmordversuch genesenden Hauptperson sorgt ein unsichtbar bleibender Erzähler (Erzählerin) für Stimmungen, Wertungen und

---

13 Vgl. auch Meyer-Gosau, Frauke u. a., S. 3.
14 Ebd., S. 4.

Komposition. Christa Wolf verwendet hier bei der Verknüpfung der Erinnerungs- mit der Gegenwartsebene für die damalige DDR-Literatur recht „moderne" Darstellungsmittel wie Zeitsprung, Blende, Montage und besonders den inneren Monolog – wenn auch noch sehr vorsichtig.

Zeitsprung, Blende, Montage und innerer Monolog

Der Roman spielt kurz vor dem Bau der Berliner Mauer. Die Lehramtsstudentin Rita Seidel entscheidet sich dafür, ihrem Freund Manfred Herrfurth nicht in den Westen zu folgen, sondern in der DDR zu bleiben und ihre Selbstverwirklichung im kollektiven Aufbau des Sozialismus zu finden. Manfred hingegen zieht den Individualismus des Westens vor. Zwar weist die Erzählung auch einige Schwarz-Weiß-Malerei und undifferenzierte Passagen auf, aber die Entscheidung Manfreds, in den Westen zu gehen, wird nicht abgewertet, sondern verständlich gemacht. Auch stellt Christa Wolf die durchaus problematischen Erfahrungen Ritas mit der „sozialistischen Arbeitswelt"[15] heraus.

Die durch den Mauerbau endgültig gewordene Trennung zwischen Rita und Manfred ist aber nicht durch die unterschiedlichen Präferenzen für ein wirtschaftliches und politisches System bedingt, sie besiegelt sie bestenfalls. Der Bruch der Beziehung ist vielmehr bereits früher in den unterschiedlichen, nicht miteinander zu vereinbarenden Persönlichkeiten der Protagonisten zu suchen.

Thema: Das Recht des Einzelnen auf Selbstverwirklichung

Bei näherem Hinsehen entpuppt sich Christa Wolfs Erzählung als erste Auseinandersetzung mit dem Thema, das sie von nun an immer radikaler ins Zentrum ihres Schaffens gestellt hat: „Das Recht des Einzelnen, einer Frau zumeist, auf Selbstverwirklichung und sein Aufbegehren gegen die Entfremdung, Vereinzelung und Bürokratisierung des Lebens in der modernen, von den

---

15 Vgl. Matzkowski, Bernd, S. 13.

Idealen der wissenschaftlich-technischen Revolution geprägten Industriegesellschaft."[16]

Nachdenken über Christa T. (1968)

Christa Wolfs 1968 entstandene Erzählung *Nachdenken über Christa T.* geht noch einen Schritt weiter als *Der geteilte Himmel*, wohl auch bedingt durch ihre eigenen desillusionierenden Erfahrungen mit der politischen Praxis des DDR-Staates. Sie hatte sich auf dem 11. Plenum des Zentralkomitees der SED als einzige Rednerin gegen die Unterwerfung von Kunst und Kultur unter die politische Macht ausgesprochen.

Das hatte zur Folge, dass sie 1967 ihren Status als Kandidatin des Zentralkomitees verlor und von der Stasi überwacht wurde. Christa Wolf sucht nun „ihre Aufgabe in der Mahnung und Warnung vor gesellschaftlichen und politischen Entwicklungen, die geeignet sind, die programmatischen Ziele des Sozialismus in der Praxis zu dementieren – im Horizont ihrer Gesellschaftskritik steht als Bezugspunkt und Maßstab bis zum Ende der 70er Jahre die ‚sozialistische Utopie'."[17]

Wolfs Sympathie gehört dem strikt individualistischen Lebensentwurf

In einer Mischung aus Erzählung und Reflektion breitet eine Ich-Erzählerin das kurze Leben ihrer ehemaligen Klassenkameradin und Kommilitonin Christa T. vor dem Leser aus. Ihr früher Leukämie-Tod ist der Anlass für die Erzählerin, über Christas Leben nachzudenken. Christa Wolfs Sympathie gehört hierbei in dem stark autobiografisch gefärbten Roman Christa T.'s von den Gesellschaftserwartungen abweichendem strikt individualistischen Lebensentwurf, der sich auch den Normen der DDR-Gesellschaft verweigert. Sie selbst ist ja – wie ihre Figur Christa T. – auf der Identitätssuche, „in einem System, das offen zu vertreten ihr immer weniger lohnenswert und legitimierbar erscheint."[18]

---

16 Stephan, Alexander, S. 37.
17 Meyer-Gosau, Frauke u. a., S. 6.
18 Matzkowski, Bernd, S. 14.

Kindheitsmuster (1976)

Das 1976 entstandene Werk *Kindheitsmuster* verknüpft drei miteinander verwobene Erzähl- und Reflektionsebenen. Einmal werden Kindheit und Jugend der Romanfigur Nelly Jordan in den Jahren 1933–1947 erzählt. Mit dieser Erzählebene verknüpft ist die Schilderung einer von der Erzählerin gemeinsam mit Ehemann, Tochter und Bruder 1971 unternommenen Reise zu ihrem Geburtsort nach Polen sowie Reflektionen über die Probleme des Schreibens und Beobachtungen der Gegenwart der 70er Jahre, außerdem Überlegungen zur Funktion des Gedächtnisses. Auch in diesem Roman geht es Christa Wolf um das Bewältigen der faschistischen Vergangenheit, die Gründe für das Entstehen des Faschismus und seinen Einfluss auf die Menschen. Durch das Verweben von Gegenwart und Vergangenheit sowie der verschiedenen gesellschaftlichen Systeme entsteht ein vielschichtiges Familien- und Zeitbild, in dem die Erzählerin am Ende schließlich ihre eigene Identität findet.

Vielschichtiges Familien- und Zeitbild

War es Christa Wolf bis 1976 trotz immer schikanöser werdender Angriffe von Partei und Staat noch gelungen, mit dem politischen System der DDR im Wesentlichen übereinzustimmen und ihre eigene kritische Haltung als durchaus konstruktiv zu verstehen, so bewirkte die Ausbürgerung Wolf Biermanns (Nov. 1976) und die Reaktion von Staat und Partei auf die auch von ihr unterzeichnete so genannte „Biermann-Petition“ eine Veränderung sowohl in ihrem politischen als auch ihrem literarischen Selbstverständnis.

„Was in ihrer Prosa zuvor als konkreter Zugriff auf virulente gesellschaftliche Problemkonstellationen angelegt gewesen war, nahm nun defensive, im Grundton durchaus depressive Züge an.“[19]

---

19 Meyer-Gosau, Frauke u. a., S. 9.

Hatte Christa Wolf in ihren bisherigen Werken die direkte Auseinandersetzung mit der politischen/gesellschaftlichen Wirklichkeit gesucht, so erfolgten ihre literarischen „Einmischungen" nun „verkleidet" in/durch Figuren aus der weiter zurückliegenden europäischen Kulturgeschichte.

Kein Ort. Nirgends (1979)

Kein Ort. Nirgends (1979 erschienen) ist das erste Werk eines über *Kassandra* (1983) zu *Medea* (1996) reichenden literarischen Schaffens dieser historisierenden kultur- und gegenwartskritischen Schaffensphase.

In der 1979 entstandenen Erzählung *Kein Ort. Nirgends* beschreibt Christa Wolf die fiktive Begegnung von Heinrich von Kleist und Karoline von Günderrode auf einer Teegesellschaft in Winkel am Rhein, dem Ort, wo Karoline von Günderrode 1806 Selbstmord beging. Die beiden Dichter erscheinen als gesellschaftliche Außenseiter (sowohl als Künstler als auch als Intellektuelle) und von der üblichen Geschlechterrolle abweichende Menschen, die aber gerade in ihrem Außenseiterdasein Nähe zueinander empfinden. Vor dem düsteren Wissen des Scheiterns der beiden Hauptfiguren behandelt Christa Wolf die Thematik des Verhältnisses des Einzelnen und der Gesellschaft zwischen Entfremdung und Identität. Anders als in ihren bisherigen Werken kommt ein (ideologischer) Kompromiss hier nicht mehr zustande. In einer Gesellschaft, die lediglich noch auf die Funktionalisierung der Individuen ausgerichtet ist, gibt es für persönliche Entfaltung keinen Spielraum mehr. „Der Ort der Utopie, auf die schon im Titel des Buches in negativer Konnotation angespielt wird, liegt hier nun nur noch in der Literatur."[20]

Kein Spielraum mehr für persönliche Entfaltung

---

20 Ebd., S. 10.

Kassandra (1983)

Mit *Kassandra* (1983), ihrem mit Abstand erfolgreichsten Buch, geht Christa Wolf noch einen Schritt weiter in die Vergangenheit, indem sie die trojanische Seherin, eine Figur der griechischen Sage, zur Protagonistin macht. Auch Kassandra ist auf der Suche nach ihrer Identität. In ihrer Reflektion am letzten Nachmittag ihres Lebens kommt sie schließlich zur Selbstfindung, indem sie den gewaltsamen Tod einem Leben mit ihrem Geliebten Aineas vorzieht. Sie hat erkannt, dass es in der herrschenden patriarchalischen Gesellschaftsstruktur keinen Ausweg aus Mord und Krieg geben kann. Entsprechend entpuppen sich die vermeintlichen griechischen Helden als kaltblütige Mörder und Psychopathen.

Zivilisations- und Gesellschaftskritik, aber auch Betonung v. Gefühl und Individualität

Christa Wolf hat hier vor dem Hintergrund der (damals) aktuellen Diskussion des Nato-Doppelbeschlusses und der Erstarkung der Friedensbewegung in *Kassandra* vielen Menschen eine Identifikationsfigur gegeben. Zivilisations- und Gesellschaftskritik an einer männlich dominierten, macht- und gewaltbeherrschten Weltpolitik, verbunden mit der Friedenssehnsucht und Emanzipation bei gleichzeitiger Betonung von Gefühl und Individualität gehen hier eine glückliche Verbindung ein. Die gelungene Verknüpfung dieser existenziellen Themen im Zusammenhang mit der poetisch geschlossenen Form des Textes und dem eindringlichen Pathos der Protagonistin übt bis heute eine beträchtliche Faszination auf die Leser aus.

Medea (1996)

In ihrem Roman *Medea* (1996) wendet sich Christa Wolf noch intensiver der griechischen Mythologie zu. Auch hier interpretiert sie – noch stärker als in *Kassandra* – den antiken Mythos neu. Aus der heimtückischen Kindsmörderin des Euripides wird die weise Seherin und Priesterin, die sich in der Heimat gegen die Machtsucht des Vaters stellt und in der Fremde zum Sündenbock gemacht wird. Im Gegensatz zu Kassandra, die sich für den Tod entscheidet, geht Medea schließlich mit wenigen vertrauten Frauen in die Verbannung in eine Landschaft fern aller bekannten Herrschaftssysteme. Hier erfährt sie von der Ermordung ihrer Kinder und verflucht die Mörder. Der Roman endet mit der Frage Medeas nach der Welt und der Zeit, in die sie gehört, und der Feststellung, dass niemand da sei, den sie fragen könne – Resignation oder radikaler Neuanfang?

Leibhaftig (2002)

Im Roman *Leibhaftig* (2002) kehrt Christa Wolf aus der Antike wieder in unsere Gegenwartsgeschichte zurück. Die Erzählung spielt in den letzten Jahren der DDR. Eine lebensgefährlich erkrankte Frau, die auch immer wieder als Ich-Erzählerin fungiert, wartet in einem DDR-Krankenhaus auf das lebensrettende Medikament aus dem Westen. Mit zum Teil schwarzem Humor beschreibt Christa Wolf den Alptraum eines Krankenhausaufenthalts in der „Endphase" der DDR. In der stark autobiografisch gefärbten Erzählung erinnert sich die Patientin – durchaus kritisch – ihres Lebens in der DDR. Sie kämpft gegen ihre Krankheit Tachykardie, aber sie leidet an der DDR, so könnte man auch hier in Abwandlung eines Marcel-Reich-Ranicki-Zitates zu *Nachdenken über Christa T.* sagen. Die Erzählerin überlebt schließlich, im Gegensatz zu der Gesellschaftsform, in der oder an der sie krank geworden ist.

Stark autobiografisch gefärbte Erinnerung an ihr Leben in der DDR

Die Erzählung lässt erahnen, wie schwer es Christa Wolf gefallen sein muss, sich (politisch) umzugewöhnen und sich auf die neue (politische) Realität eines vereinten Deutschland einzustellen.

Die Stadt der Engel oder The Overcoat of Dr. Freud (2010)

Auch in ihrem bisher letzten Roman *Die Stadt der Engel oder The Overcoat of Dr. Freud* (2010) geht es Christa Wolf um ihre Auseinandersetzung mit der eigenen Vergangenheit. Die „Stadt der Engel" ist Los Angeles. Hier in Santa Monica verbrachte sie den Herbst 1992 und das Frühjahr 1993 als Stipendiatin des Getty-Centers. So trägt die Ich-Erzählerin des Romans, die hier die Identität der Freundin einer Freundin aufklären will, auch deutlich autobiografische Züge. Im Buch, das eher ein aus Erzählungen, Erinnerungen und Begegnungen mit wirklichen und fiktiven Personen bestehender Reise- und Lebensbericht als ein klassischer Roman ist, reflektiert und verarbeitet Christa Wolf schmerzhaft ihre eigene Position in und zu der DDR.

3. TEXTANALYSE UND -INTERPRETATION

3.1 Entstehung und Quellen

ZUSAMMEN-FASSUNG

Seit 1991 Beschäftigung mit der Figur Medea.
1996 erscheint Roman *Medea.*
Anregung zu diesem Roman durch den Wunsch, einen politischen und persönlichen Schlüsselroman zu schreiben sowie die Figur der Medea feministisch zu interpretieren.

Seit Anfang der 80er Jahre beschäftigte sich Christa Wolf nach eigenen Angaben mit dem Mythos, zunächst mit Kassandra und dann seit 1991 mit Medea.[21] Das Interesse an der Figur und dem Mythos der Medea verdrängte schließlich sogar ältere Schreibpläne.

Medea-Drama des Euripides

Bei der Beschäftigung mit dem *Medea*-Drama des Euripides wirkte auf Christa Wolf besonders befremdlich, dass eine Heilerin und Zauberkundige wie Medea, deren Gestalt Euripides aus früheren Schichten des Mythos übernommen hatte, ihre Kinder getötet haben sollte. Gerade in dieser Frühzeit des Mythos galten Kinder nämlich als „höchstes Gut eines Stammes (…) und Mütter [wurden], eben wegen ihrer Fähigkeit, den Stamm fortzupflanzen, hoch geachtet.“[22]

Durch Zufall lernte Christa Wolf die Medea-Spezialistin Margot Schmidt aus Basel und die Wissenschaftlerin Heide Göttner-Abendroth kennen, die ihr bestätigten, dass das Motiv des Kin-

---

21 Vgl. Wolf, Christa: *Von Kassandra zur Medea*. In: Hochgeschurz, Marianne (Hrsg.): Christa Wolfs *Medea*. Voraussetzungen zu einem Text, S. 15 ff.

22 Ebd., S. 22.

dermordes in den älteren Versionen des Medea-Mythos nicht vorkommt und erst von Euripides eingeführt wurde.

Die Jahre 1992/93 verbrachte Christa Wolf aufgrund eines Stipendiums des Getty Centers in Santa Monica/USA. Hier lebten während des Zweiten Weltkrieges bedeutende deutsche Schriftsteller im Exil. Diese Erinnerung inspirierte Christa Wolf zur weiteren intensiven Beschäftigung mit dem Medea-Mythos und hier bot sich ihr zugleich die Möglichkeit, über das Computerprogramm des Wissenschaftszentrums an ausführliche Literatur zu Medea heranzukommen.

Besonderes Interesse für Mythos vor der Bearbeitung durch Euripides

Christa Wolf interessierte sich besonders für den ursprünglichen Medea-Mythos vor der Bearbeitung durch Euripides. Dabei erschien ihr die angebliche Ermordung des Bruders durch Medea ebenso „absurd“ wie die Ermordung ihrer Kinder. Beide „Geschichten“ gibt es im frühen Mythos nicht. Vielmehr sind sie eine Umarbeitung und Uminterpretation früher Fruchtbarkeitsriten, die sich auch in anderen Religionen/Mythen finden:

> „Die angeblich grausame Zerstückelung des Bruders ist ein Ritual des Todes des Hlg. Königs und erinnert an den Tod des Orpheus/Dionysos/Kret. Zeus/Osiris durch Zerreißen. (…) Es geht dabei um Medeas ureigenstes Ritual als Erdgöttin, die töten und wiederbeleben kann.“[23]

Früher *Medea*-Mythos im matriarchalischen Denken verwurzelt – Umdeutung durch spätere männliche Bearbeiter

Christa Wolf kommt, indem sie sich von Erkenntnissen des theoretischen Feminismus inspirieren lässt, zu der Erkenntnis, dass der frühe Medea-Mythos im matriarchalischen Denken verwurzelt war und durch spätere männliche Bearbeiter im Sinn des sich inzwi-

---

23 Brief Heide Göttner-Abendroths an Christa Wolf vom 11. März 1993. In: Hochgeschurz, Marianne, S. 45.

schen etablierten Patriarchats umgedeutet wurde. Dabei kam es zu den von ihr empfundenen Brüchen:

> „Das Bedürfnis des Patriarchats nach Abwertung weiblicher Eigenschaften, dessen Wurzel die Angst ist, hat im Laufe von Jahrtausenden gerade diese Figur in ihr Gegenteil verkehrt (...) – nie hätte eine noch von matriarchalen Werten beeinflusste Frau ihre Kinder umgebracht."[24]

Wolfs *Medea* basiert auf verschiedenen literarischen Versionen des Medea-Mythos

Auch wenn Christa Wolf erkannte, dass sie *ihre* Version der Medea-Geschichte neu „erfinden" musste, so sammelte sie trotzdem weiter alle Literatur und Versionen des Medea-Mythos, denn

> „es erfindet sich leichter aufgrund von Kenntnissen. So entsteht dann allmählich eine innere Landschaft, in der sich Figuren bewegen. Aus einer Reihe von Notizen, Blättern, Personenkarten wächst die Komposition zusammen. Wichtig war mir die Erkenntnis, daß viele frühe Städte auf ein Verbrechen gegründet sind: Da hatte ich ein Zentrum für die Komposition."[25]

Zunächst hatte Christa Wolf geplant, den Medea-Mythos so umzuformen, dass sich eine junge Kolcherin, die Medea aus enttäuschter Liebe hasst, auf die „Spurensuche" nach der verschwundenen und des Kindsmordes verdächtigten Medea macht. Dabei sollte sie die verschiedenen „Zeugen" (Jason, Kirke etc.) treffen und aufgrund ihrer Aussagen ein (neues) Medea-Bild entstehen lassen.

---

24 *Warum Medea?* Christa Wolf im Gespräch mit Petra Kammann am 25. 1. 1996. In: Hochgeschurz, Marianne, S. 79.
25 Ebd., S. 84.

> „Mir scheint in diese Struktur – Kriminalromanstruktur! – läßt sich sehr viel jüngste Erfahrung hineinbringen, sehr viele Figuren, die ich kenne, sind zwanglos auch hier unterzubringen.“[26]

Christa Wolf plante also bereits sehr früh, ihre *Medea*-Erzählung auch als eine Art „Schlüsselroman“ sowohl für persönliche wie politische Erfahrung zu schreiben.

Auch gab es Überlegungen, die *Medea*-Erzählungen durch kurze, besonders gekennzeichnete Kommentare aus heutiger Zeit zu unterbrechen. Christa Wolf verwarf diesen Gedanken aber wieder, da er ihr zu didaktisch hätte wirken können.

Neue Erzählform der „Stimmen“

Schließlich entwickelte sich, auch aus Versuchen mit anderen Erzählweisen, die für Christa Wolf neue Form der „Stimmen“ heraus. Sie erkannte,

> „daß sich mir dadurch eine Möglichkeit eröffnete, ein Erzählgewebe herzustellen, in dem jede der Figuren literarisch zu ihrem Recht kommt, in dem auch Medea von verschiedenen Seiten gesehen werden kann, in ihrer Widersprüchlichkeit.“[27]

In diesem Sinn sollte Medea Christa Wolf als „Modell“ dienen,

> „das offen genug ist, um eigene Erfahrung aus der Gegenwart aufzunehmen, das einen Abstand ermöglicht, den sonst oft nur die Zeit bringt, dessen Erzählungen fast märchenhaft, sehr reizvoll und doch so wirklichkeitsgesättigt sind, daß wir Heutigen uns in den Verhaltensweisen seiner handelnden Personen erkennen können – in diesem Sinne scheint mir der Mythos

---

26 Tagebuchnotizen Christa Wolfs (Los Angeles, 28. 10. 1992). In: Hochgeschurz, Marianne, S. 57.
27 Wolf, Christa: *Warum Medea?* In: Hochgeschurz, Marianne, S. 80.

brauchbar zu sein für den heutigen Erzähler, die heutige Erzählerin. Er kann uns helfen, uns in unserer Zeit neu zu sehen, er hebt Züge hervor, die wir nicht bemerken wollen, und enthebt uns der Alltagstrivialität. Er erzwingt auf besondere Weise die Frage nach dem Humanum, um die es ja, glaube ich, bei allem Erzählen geht."[28]

28 Wolf, Christa: *Von Kassandra zu Medea. Impulse und Motive für die Arbeit an zwei mythologischen Gestalten, Mai 1997.* In: Hochgeschurz, Marianne, S. 21.

3.2 Inhaltsangabe

ZUSAMMEN-FASSUNG

Nachdem Medea mit Jason, dem sie geholfen hat das Goldene Vlies zu stehlen, von Kolchis nach Korinth geflohen ist, gerät Jason dort immer mehr unter den Einfluss des korinthischen Hofes. Medea hingegen lebt selbstbewusst ihre Identität und zieht sich dadurch den Neid und die Missgunst der Korinther zu. Schließlich wird sie zum Sündenbock gemacht, Opfer einer Intrige und aus Korinth vertrieben.

Erste Stimme: Medea (S. 13–37)

Medea erinnert sich an ihr Leben in Kolchis

Medea erwacht in der Lehmhütte, in der sie mit ihren Söhnen und Lyssa, ihrer Gefährtin aus Kolchis, in Korinth leben muss, nachdem sie von König Kreon aus dem Palast verwiesen wurde. In einem fiebrigen Zustand zwischen Träumen und Wachen spricht sie mit ihrer in Kolchis zurückgebliebenen Mutter.

Zunächst weiß Medea nicht, wo sie ist. Der Feigenbaum vor ihrem Fenster erweckt in ihr Erinnerungen an den Nussbaum im Palast ihrer Eltern in Kolchis und ihr momentaner geschwächter Zustand erinnert sie an ihren geschwächten Zustand nach ihrer ersten Blutung und die liebevolle Sorge ihrer Mutter. Ihre Mutter hatte ihr damals beigebracht, wie man aus den Händen liest, und Medea reflektiert, wie man sich auch durch die und mit den Händen erinnern kann.

Sie ruft sich selbst zur Ruhe auf und erinnert sich an den vergangenen Abend und ihr schreckliches Erlebnis: Auf Jasons Bitte ist sie mit auf das Festbankett im Palast König Kreons gegangen. Verwirrt denkt Medea an ihr schreckliches Erlebnis nach dem

Medea „spielt" beim Festmahl mit Jason

Festmahl und erkennt, dass nicht nur Kolchis voller dunkler Geheimnisse war, sondern dass auch Korinth sein dunkles Geheimnis hat, auch wenn seine Bewohner das Gegenteil demonstrieren. Um Jason, der nicht verhindert hatte, dass sie am Ende der Tafel bei den Dienstleuten sitzen musste, nach dem Mahl eine Lehre zu erteilen, habe sie sich wie eine Königstochter (die sie ja auch ist) benommen und es sei ihr nicht schwergefallen, „Aufmerksamkeit zu erregen und Respekt einzufordern" (S. 17). Unterstützung habe sie dabei bei Leukon, dem zweiten Astronomen des Königs, und Telamon, einem Gefährten Jasons, die auch mit ihr am selben Tisch saßen, gefunden. Beide hätten mitgespielt und sowohl Medeas Fähigkeit als Heilerin wie auch ihre körperlichen Vorzüge gepriesen. Jason sei „hin- und hergerissen [gewesen] zwischen der Botmäßigkeit" gegenüber König Kreon, von dem sie alle abhängig seien, „und seiner Eifersucht" (S. 17).

Während Medea in ihrem Fiebertraum ihrer Mutter davon erzählt, erinnert sie sich aber auch der Schuld, die sie ihrer Mutter gegenüber empfunden hatte, als sie heimlich Kolchis verließ (vgl. S. 14).

Die Korinther empfinden Medea als „wilde Frau"

Die Korinther empfinden Medea als „wilde Frau" (vgl. S. 30), weil sie im Gegensatz zu den Korintherinnen auf ihren eigenen Kopf besteht. Mit ihrem „zweiten Blick" (S. 31) spürt Medea während des Festmahls, dass König Kreons Frau Merope unstillbares Leid „ausstrahlt", und als die Königin das Festbankett verlässt, folgt ihr Medea heimlich. Medea erkennt, dass sie beide von ihrem Stolz gezwungen wurden, die demütigende Situation auf dem Festbankett zu verlassen.

Medea erkennt, dass Korinth auf eine Untat gegründet ist

Medea folgt Merope durch das Kellergewölbe in ein Höhlengewirr. Die Gänge werden immer enger und bedrückender. Obwohl es eiskalt ist, schwitzt Medea vor Furcht und Grauen. Schließlich erreicht sie eine Art Höhle und findet hier Königin Merope. Als die

Königin die Gruft verlassen hat, versucht Medea ihr Geheimnis zu erforschen. Sie ertastet an den Wänden Einkratzungen, wie sie die Korinther „in den Höhlengräbern hochgestellter Toter" (S. 23) anbringen. Als Medea weitertastet, findet sie das Skelett eines Kindes. Medea erkennt, dass Korinth auf eine Untat gegründet ist, und sie weiß, dass derjenige, der das Geheimnis preisgibt, verloren ist. Geschockt flieht sie aus der Gruft.

Jason begehrt Medea immer noch

In ihrer Lehmhütte angekommen, kann Lyssa sie noch gerade warnen, dass Jason dort auf sie wartet. Medea muss sich eingestehen, dass sie darauf hätte gefasst sein müssen, da die Mischung aus Triumph und Demütigung, die Jason während des Festmahls erfahren hatte, seine Begierde so steigern musste, dass einzig Medea sie befriedigen kann. Es gelingt ihr noch, sich kurz zu waschen und umzukleiden, sodass Jason nicht merkt, wo sie herkommt. Medea muss erkennen, dass Jason sie mit seinen anderen Frauen verwechselt und intime Dinge nicht mehr weiß. Sie behauptet zwar, dass es ihr nichts ausmache, aber es tut ihr doch weh.

Obwohl Medea Jason von Anfang an *nicht* unrettbar verfallen war, glauben sowohl die Korinther wie auch die Kolcher, dass Jason und Medea von Beginn an ein Paar gewesen seien und Medea ihm deshalb gegen ihren Vater geholfen habe. Aber es sei ihr unmöglich gewesen, im Haus ihres Vaters mit einem Mann zu schlafen, der ihren Vater (mit ihrer Hilfe) betrog, bekennt Medea. Sie habe unter ihrer damaligen Lage gelitten, in der sie, egal was sie machte, das Falsche tun musste. Sie leide unter dem Vorwurf der Kolcher, eine Verräterin zu sein. Und so habe Medea erstmals mit Jason nach der Flucht aus Kolchis auf der Argo geschlafen, als er ihr in einer Situation tiefster Zerrissenheit Trost gespendet hatte.

Medea und Jason

Auch diesmal will Jason mit Medea schlafen, aber er kann nicht und gibt Medea die Schuld, weil sie ihn angeblich betrüge und ihm keine Kraft mehr geben könne. Schließlich bekennt Jason, dass er sich nicht über die Schwächen Medeas freuen könne. Als Medea ihn schließlich befriedigt, bricht er in Tränen aus und verlässt sie. Medea weiß, dass sie für diesen Anblick männlicher Schwäche wird bezahlen müssen.

Sie fragt sich, ob ihre Ziehschwester Lyssa, von der sie seit ihrer Geburt noch nie getrennt war, sie wirklich verstehe. Verbunden seien sie jedenfalls in ihrem Heimweh nach Kolchis, dessen Erinnerung sie an die nachwachsenden Kolcher weitergeben wolle. Die Jungen aber haben kein Interesse daran, sie wollen als echte Korinther gelten.

Unterschied Korinth – Kolchis

Nach dem Unterschied zwischen den Männern in Korinth und denen in Kolchis gefragt, antwortet Lyssa, dass die Männer in Kolchis ihre Gefühle nicht unterdrückt hätten. Sie erinnert sich dabei an ihren Verlobten, der weinend in Kolchis zurückgeblieben sei. Medea fragt sich nach dem Preis, den sie und die anderen dafür bezahlt haben, dass sie (Medea) nicht mehr in Kolchis leben wollte. Sie ruft sich noch einmal ins Gedächtnis, dass Lyssa eine kleine Truppe mit unzufriedenen Kolchern zusammengestellt hatte, die freiwillig die Heimat mit ihr verließen. Aber Medea weiß, dass die unbefriedigende Situation die Legendenbildung fördern wird.

Presbon hasst Medea

Dem Kolcher Presbon sei das nur recht, glaubt Medea. Er sei als einziger Kolcher aus Eigennutz aus Kolchis geflohen und habe hier in Korinth als Festtagsorganisator Karriere gemacht. Presbon hasse Medea, weil sie seine Selbstsucht durchschaue und seinen „Wert“ nicht schätze.

Medea erinnert sich, dass Jason und seine Gefährten in Kolchis recht unbeholfen auf ihre Hilfe angewiesen waren, dass aber auf ihrem Schiff nach dem Verlassen von Kolchis diese Hilflosigkeit von ihnen abgefallen sei und sie erstmals die Kolcher als „Flüchtlinge“ (S. 35) bezeichnet hätten.

Erst in Korinth habe Medea auch die Bedeutung von Gold erfahren. Hier habe sie erlebt, wie besessen die Korinther von dem Besitz von Gold seien, und befremdet habe sie sich von Akamas, dem obersten Berater und Astronom König Kreons, erklären lassen müssen, warum die Bürger Korinths nach ihrem Besitz eingeteilt werden.

Die Bedeutung des Besitzes in Korinth

Medea befreit sich aus ihren Fieberträumen und ruft sich in die Gegenwart zurück, indem sie nach Lyssa fragt.

Zweite Stimme: Jason
(S. 41–66)

Jason erzählt, dass er Akamas, dem ersten Astronomen, freimütig gesagt habe, Medea würde ihm zum Verhängnis. Akamas habe ihm darauf auf seine undurchschaubare Art zu verstehen gegeben, dass niemand Jason so leicht mehr schaden könne.

Das Verhältnis von Medea und Akamas habe sich von Anfang an nicht gut entwickelt, behauptet Jason. Medea habe ihm nicht entgegenkommen wollen und nun sei er ihr Feind. Die Gründe kenne er nicht, sie müssten ihm wie so vieles im korinthischen Königshaus entgangen sein.

Nach ihrer Landung in Korinth seien sie gezwungen gewesen, sich hier einzurichten, aber Medea müsse Akamas wohl gereizt haben, denn er wärme das Gerücht auf, Medea habe ihren Bruder ermordet. Bei der Anhörung vor dem Ältestenrat habe Jason nicht den Mut gehabt, Medeas Unschuld zu bezeugen und den Verleumdern Medeas zu widersprechen.

Medea soll ihren Bruder ermordet haben

Jason erinnert sich an seine Ankunft in Kolchis. Kolchis habe erst nicht seinen abenteuerlichen Erwartungen entsprochen, sondern ganz gewöhnlich gewirkt. Überzeugt davon, dass sein Nachruhm schon dadurch gesichert sei, dass er als Erster dieses östliche Land betreten habe, und durch das Anrufen der Götter gegen dieses barbarische Land gestärkt, habe sich Jason mit seinem Gefährten Telamon auf die Suche nach dem König von Kolchis begeben. Entsetzt hätten sie entdeckt, dass die Kolcher ihre Toten in Fellbeuteln an Bäumen aufhängen statt zu beerdigen.

Jason ist von Medea fasziniert

Am Palast seien sie als Erstes Medea begegnet und von ihrer Anmut und ihrem Aussehen fasziniert gewesen. Besonders Jason, der „für die Reize braunhäutiger dunkelhaariger Mädchen" besonders „empfänglich" ist (S. 45), habe sich von Medea „verzaubert" gefühlt (S. 45).

Jason behauptet, durch Akamas beeinflusst, dass Medea diesen Zauber auf ihn weitertreiben wolle und er sich dagegen wappnen müsse, um nicht wieder auf sie „hereinzufallen" (vgl. S. 45).

Auch Medeas natürliches Selbstbewusstsein, das Jason sonst bei Frauen unbekannt ist, macht ihn schwach. Immer noch empfindet er Eifersucht auf andere Männer, die Interesse an Medea haben, und so glaubt Jason auch bemerkt zu haben, dass selbst Akamas Bewunderung für Medea zeige. Akamas' Verhältnis zu Medea habe sich jedoch geändert, seit Medea die Hungersnot, die Korinth nach zwei Dürrejahren bedrohte, von den Korinthern abgewendet habe.

Medea habe den Korinthern die genug vorhandenen essbaren Wildpflanzen gezeigt und sie gezwungen, Pferdefleisch zu essen. Nachdem die Korinther so überlebt hätten, würden sie es Medea übel nehmen und sie als „böse Frau" (S. 47) bezeichnen, denn „die Leute wollen sich lieber für verhext halten, als sich selbst zu glauben, daß sie Unkraut fraßen und die Eingeweide unberührbarer Tiere verschlangen, aus gewöhnlichem Hunger." (S. 47)

Akamas empfindet Medea als Bedrohung für sich

Jason behauptet, es sei zu schwierig für ihn, die Zusammenhänge zu erfassen, erkennt aber durchaus, dass Akamas Medea seit dieser Zeit als Bedrohung für sich empfindet und die Mittel hat, den Verdacht gegen Medea zu schüren. Auch Medeas und der anderen Kolcherinnen selbstbewusstes Auftreten habe zu Reibereien zwischen ihnen und den Korintherinnen geführt, erzählt Jason. Seine Schlichtungsversuche seien von Medea brüsk abgelehnt worden.

Medeas Direktheit und ihr Selbstbewusstsein hätten auch Jason und Telamon seinerzeit in Kolchis verwirrt, als sie Medea erklären sollten, warum sie eine weite und gefahrvolle Reise unternommen hätten, um das Vlies, ein „simples Widderfell" (S. 48), zu bekommen.

Medeas Gleichgültigkeit, als König Kreon sie aus seinem Palast verwiesen habe, hätte Kreon gegen Medea aufgebracht. Es hätte zwar einige fadenscheinige Gründe gegeben, aber Jason begreift nicht, warum Medea wirklich aus dem Palast verwiesen wurde. Auch als Jason sich davor drückt, mit ihr und den Kindern den Palast zu verlassen, sei Medea souverän und verständnisvoll geblieben. Telamon, der letzte der Gefährten, der Jason geblieben ist, kann nicht verstehen, dass Jason nicht mit Medea den Palast verlassen hat, und macht in den Schänken betrunken Stimmung gegen Jason.

Die Souveränität Medeas

Jason erkennt, dass seine Taten bereits in Vergessenheit geraten sind, denn sein nach seiner Ankunft von den Korinthern feierlich aufgedocktes Schiff „Argo" wird mittlerweile von ihnen überhaupt nicht mehr beachtet.

Jason ist sich bewusst, dass er und seine Gefährten ohne Medeas Hilfe niemals ihre Mission in Kolchis erfüllt hätten. Während König Aietes Jason bei ihrer ersten Begegnung recht gebrechlich und unsicher vorgekommen sei, erschien er ihm bei der zweiten Begegnung, dem offiziellen förmlichen Empfang, ganz anders. Hier sei beschlossen worden, dass Jason mehrere Proben bestehen müsse, bevor er das Vlies erhalten würde. Noch heute träume er von der ungeheuren Schlange, die das Vlies bewachte, berich-

Das Vlies

tet Jason weiter. Die Kolcher in Korinth hielten sich noch heute Schlangen als Haustiere, wüssten aber auch, wie man sie zähme. So habe auch Medea die Schlange, die das Vlies bewachte, besiegt und eingeschläfert.

Jedes Mal, wenn Jason diese Geschichte, wie er an das Goldene Vlies gekommen sei, erzähle, verändere er sie so, wie sie die Zuhörer hören wollten. So sei allmählich in den Legenden der Korinther aus ihm der „Drachentöter" (S. 54) und aus Medea „die böse Frau" (S. 54) geworden. Die Menschen hätten sie so auseinandergetrieben.

Jason glaubt in seinem Innersten nicht, dass Medea ihren Bruder ermordet hat, aber Akamas und König Kreon haben ihn davor gewarnt, auf seine innere Stimme zu hören, da Medea diese beeinflussen könne. König Kreon sei wie ein Vater zu ihm, behauptet Jason weiter, berichtet aber zugleich, dass sein Vater ihn direkt nach seiner Geburt – um ihn vor den Nachstellungen seines Onkels Pelias zu retten – zu Cheiron zur Erziehung gegeben habe. So seien ihm seine Eltern fremd geblieben. Im Vergleich zu seiner Mutter sei Medeas Mutter Idya anmutig gewesen und habe durchaus Bedeutung am Hof gehabt. Jason und seine Gefährten fanden, dass die Kolcher ihren Frauen zu viel Gleichberechtigung gäben.

Jason fühlt sich bereits als Korinther

Jason fühlt sich – unbewusst (?) – bereits als Korinther und das wird ihm von König Kreon auch suggeriert, um ihm klarzumachen, dass er nicht wie Medea und die Kolcher sei. Jason habe versucht, Medea davon zu überzeugen, dass die Korinther die Kolcher nicht dadurch herabsetzen würden, indem sie sie als „anders" betrachten. Aber er wisse sehr wohl, dass die Korinther sich ihnen überlegen fühlten. König Kreon habe sie sogar als „Wilde" (S. 57) bezeichnet. Jason merkt, dass Kreon dadurch, dass er einen Keil zwischen Jason sowie Medea und ihre Kolcher treiben will, eine bestimmte Absicht verfolgt: „Ich habe ein komisches Gefühl"

(S. 57). Auch Medea habe ihm erklärt, dass König Kreon ihn nur ‚weichklopfen' (vgl. S. 57) wolle.

Jason bedauert, dass er mit keinem darüber reden könne, am wenigsten mit seinen alten Gefährten, die alle in Selbstmitleid und Alkohol verkommen seien. Akamas habe ihn darüber aufgeklärt, dass sowohl seine Gefährten wie auch er selbst über den Tod von Medeas Bruder Absyrtos verhört werden sollen.

Jason vermutet zu Recht, dass seine Gefährten für einen Krug Wein alles behaupten würden, was man von ihnen hören wolle, und auch ihm selbst ist beim Gedanken an ein Verhör sehr unwohl, denn er weiß nicht, was er zu Absyrtos' Tod sagen soll. Jason erinnert sich an Absyrtos als verwöhnten Jungen und daran, wie die Stimmung im Palast sich plötzlich verändert hatte.

Absyrtos

Er habe Medea daraufhin um Rat und Auskunft bitten wollen und gerüchteweise erfahren, dass Absyrtos zerstückelt worden sei. Als Jason danach Vorbereitungen zur Abfahrt getroffen habe, hätte Medea ihm erklärt, dass sie ihm helfen wolle, das Vlies zu bekommen, wenn er sie mitnähme.

Medea habe versucht, Jason die Bestattungsriten der Kolcher zu erklären, aber er habe die Erklärung nicht verstehen wollen. Als Medea ihn gefragt habe, ob es in den „Ländern der untergehenden Sonne" (S. 60) Menschenopfer gebe und Jason das verneinte, sei Medea misstrauisch geblieben. Erst kürzlich habe sie ihn deswegen nochmals angesprochen, darauf habe Akamas' Gehilfe Turon sofort wissen wollen, was Medea ihm gesagt hätte. Jason fühlt sich unsicher und wünscht sich, er hätte Medea in Kolchis zurückgelassen oder sie nie kennengelernt. Aber er erkennt auch, dass sie ohne Medea Kolchis nie lebendig verlassen hätten. Jetzt überfällt ihn auch zuweilen das bisher stets verdrängte Bild Medeas als Priesterin, die das Schlachtopfer darbringt, und er bekennt, dass gerade dieses Bild ihm Medea hat besonders begehrenswert erscheinen lassen.

Medea als Heilerin

Jason habe alles getan, was Medea ihm befohlen habe, und so sei er in den Besitz des Vlieses gekommen. Aber, obwohl er sich nicht mehr daran erinnern könne, seien die Auswirkungen auf ihn so groß und lebensbedrohend gewesen, dass er nur durch Medeas Heilkünste wieder zurück ins Leben geführt worden sei. Jason versteht seitdem, warum Medea bei den Kolchern so hohes Ansehen besaß und auch warum Akamas und die Korinther sie „loswerden wollen" (S. 63), denn Medea arbeite auch in Korinth selbstbewusst als Heilerin. Das tue sie so erfolgreich, dass die Korinther eher zu ihr als zu Akamas und seinen Ärzten gingen. Medea habe sogar die Heilkunst dieser Männer kritisiert, was zum Streit mit Jason geführt habe. Aber Medea habe ihn mit dem Hinweis auf die Heilkunst, die er selbst bei Cheiron gelernt habe, zum Schweigen gebracht.

Medeas Feinde meinen es ernst

Jason erkennt, dass es Medeas Feinden ernst ist, gegen Medea vorzugehen, wenn sie sie schon unter fadenscheinigen Gründen aus dem Palast verwiesen haben. Er selbst habe sie nicht verteidigt (obwohl sie es wohl erwartet habe) und sei auch nicht mit ihr gegangen, weil man niemanden gegen vorgeschobene Beschuldigungen verteidigen könne und der gemeinsame Auszug ihre Lage nur verschlimmert hätte.

König Kreon übertrage ihm jetzt immer mehr würdevolle Aufgaben, berichtet Jason, während das Vlies unter vielen anderen Opfergaben am Altar des Zeus vermodere. Akamas behauptet, um Jasons Karriere am Hof stünde es gut, wenn da nicht der Mord an Medeas Bruder wäre.

Jason fühlt sich verunsichert und würde am liebsten Medea um Rat fragen.

Dritte Stimme: Agameda (S. 69–88)

Agameda, die ehemalige Schülerin Medeas, erzählt tief befriedigt, dass es ihr gelungen sei, Medea aus der Fassung zu bringen. Sie hasst Medea, weil sie glaubt, Medea habe sie vor langer Zeit verraten. So war sie enttäuscht, dass Medea hohes Fieber hatte, und sie ihr so nicht die schlechte Nachricht, „daß das Verhängnis näherrückte" (S. 69), bringen konnte.

Agameda, ehemalige Schülerin Medeas, hasst Medea

Andererseits erkennt Agameda, dass die kranke Medea jetzt ihre Hilfe brauchen und sie sich durch die Pflege unentbehrlich für Medea machen könne, um so ihre Dankbarkeit und Liebe zu erlangen. Aber Lyssa habe sie voller Abscheu vom Lager Medeas vertrieben.

Agameda erinnert sich, wie sie die Heilkunst von Medea erlernt hat, und registriert befriedigt, dass manche Korinther lieber zu ihr als zu Medea kommen, weil sie Scheu vor Medea hätten, während Agameda gerne die Korinther und ihren Lebensstil lobe und ihre eigenen Kolcher abwerte. Neben Presbon, der ihr geholfen habe, sei sie die Einzige aus Kolchis, die in Korinth Karriere gemacht habe und so erfolgreich sei, dass selbst Presbon sie inzwischen interessant fände, obwohl sie sonst nicht dem Typ Frau entspräche, den er begehre.

Agameda will Medea vernichten

Mit den anderen Kolchern, die in Korinth in ihrem eigenen Ghetto lebten, habe sie nichts mehr gemeinsam, erzählt Agameda weiter. Auch zu Lyssa habe sie ein schlechtes Verhältnis und sei mit ihr wegen ihrer Kritik an Medea und den Kolchern schon öfter aneinandergeraten.

Agameda erinnert sich voll Missgunst und Neid an Medeas Glück und will sie vernichten. Zusammen mit Presbon, der, wie Agameda glaubt, Medea hasst, weil er ihre Gleichgültigkeit ihm gegenüber nicht ertrage, begab sie sich zu Akamas. Agameda habe gespürt, dass Akamas sie verachte und ihre körperliche Unansehnlichkeit als unangenehm empfinde. Sie habe ihm berichtet, dass sie beobachtet habe, wie Medea auf dem königlichen Fest der Königin „nachspioniert“ (S. 75) habe, sei dann aber von dem Schwächeanfall Prinzessin Glaukes in Anspruch genommen worden. Überrascht, aber erfreut habe Agameda registriert, wie ernst Akamas ihre Nachricht genommen habe.

Agameda dient sich Akamas an

Agameda erklärt, dass sie im Gegensatz zu Medea auf die Schwächen der Menschen setze, und so habe sie auch Akamas schnell durchschaut und sich ihm unentbehrlich gemacht, sowohl als Ratgeberin wie als Sexpartnerin. Allerdings sei ihre Position nie ganz sicher, aber das und die Chance, Akamas trotz seines schlechten Gewissens zur Vernichtung Medeas zu bringen, reize sie.

Da man Medea nicht anklagen könne, hinter das Geheimnis Korinths gekommen zu sein, ohne das Geheimnis selbst zu offenbaren, habe Presbon vorgeschlagen, Medea anstelle dessen eines Vergehens anzuklagen, das ebenfalls zu ihrer Vernichtung führe.

Agameda erinnert sich daran, dass ihre Mutter und Medea befreundet gewesen seien und Medea sie nach dem Tod der Mutter als Schülerin aufgenommen habe. Das sei immer ihr innigster Wunsch gewesen. Aber mit Enttäuschung habe sie feststellen müssen, dass Medea ihr nicht die Zuneigung gegeben habe, die sie erhofft hatte, weil sie die Tochter ihrer Freundin nicht habe bevorzugen wollen. Da habe Agameda begonnen, Medea zu hassen.

Agamedas Männerbeziehungen

Agameda reflektiert über Glücklich- bzw. Unglücklichsein und ihre Beziehungen zu Männern. Alle ihre (gleichzeitigen) Verhältnisse, sei es zu Turon, Presbon oder Akamas, hätten mit Liebe nichts zu tun, im Gegenteil, diese Männer seien ihr zum Teil sogar zuwider. Ihre Beziehungen seien nur Zweckbündnisse.

Presbon habe schließlich die Idee gehabt, Medea des Mordes an ihrem Bruder zu bezichtigen. Da Medea ihre Nachforschungen nach dem „Geheimnis von Korinth“ (S. 86) zwar heimlich, aber doch so offenkundig, dass Akamas jederzeit darüber informiert sei, betreibe, sich sogar mit der Königin heimlich getroffen habe, erlaubte Akamas Presbon und Agameda, ihr „Wissen“ (S. 88) über Medeas Brudermord unter die Leute zu bringen. Das Gerücht zeige bereits „Wirkung“ (S. 88), registriert Agameda voll Genugtuung, selbst Medea habe Betroffenheit gezeigt.

Gerücht von Medeas Brudermord

Vierte Stimme: Medea (S. 91–106)

Medea hält Zwiesprache mit ihrem toten Bruder Absyrtos. Sie spürt ihn um sich und fragt ihn, ob er, dessen „Knöchelchen“ (S. 91) sie zusammengesucht und ins Meer geworfen hatte, ihr wie ein Luftgebilde gefolgt sei. Sie habe zwar das merkwürdige Verhalten der Korinther ihr gegenüber bemerkt, aber erst durch Lyssa erfahren, dass die Korinther sie für die Mörderin ihres Bruders halten.

Medea erinnert sich an die Zeit in Kolchis, als die Unzufriedenen sich im Tempel der Hekate, deren Priesterin sie war, versammelten. Sie seien unzufrieden mit dem König und seiner Regentschaft gewesen und hätten von den alten Zeiten geträumt, als gerechte Königinnen das Land regiert und die Bewohner in Eintracht mit gleichmäßig verteiltem Besitz glücklich gelebt hätten. Als die Kolcher diese Legende den Korinthern erzählten, hätten sie jedoch nur Erstaunen, Desinteresse und Mitleid geerntet.

Die Unzufriedenheit der Kolcher mit ihrem Herrscher

Als die unzufriedenen Kolcher eine Gesandtschaft zu König Aietes geschickt hätten, um ihm nahezulegen, sich wieder an die alten Sitten zu halten, seine Tochter Chalkiope zur Nachfolgerin zu machen und zurückzutreten, habe dieser sie damit überrascht, dass er eine andere alte Sitte befolgen wolle, seine Würde für einen Tag niederzulegen und seinen Sohn und Nachfolger für diesen

König Aietes hat seinen Sohn Absyrtos ermorden lassen

Tag zum Herrscher zu machen. Sie hätten sich von König Aietes überrumpeln lassen. Der König habe sich bei der Wahl zwischen der Macht und seinem Sohn schließlich aber für die Macht entschieden und Absyrtos von einer Gruppe alter Frauen, die die Wiedereinführung der uralten Sitten forderten, dieser Sitte nach opfern bzw. ermorden lassen.

Über dieses grauenhafte Erlebnis, so Medea, habe sie aufgehört zu glauben. Mit niemandem habe sie aber darüber sprechen können. In Korinth habe Medea in Akamas, obwohl er auf der anderen Seite stehe, jemanden gefunden, der so wenig glaube wie sie und mit dem sie sich „nur mit den Augen" (S. 98) verständigen könne.

Medea erzählt, mit Jason gegangen zu sein, weil sie diese Zustände in Kolchis nicht mehr hätte ertragen können. Aber hier in Korinth habe sie den gleichen „Zug von Anmaßung und Furcht" (S. 98), den sie zuletzt bei ihrem Vater gesehen habe, auch bei König Kreon entdeckt. Nachdem Akamas ihr die „Totenstadt" (ebd.) der Korinther gezeigt hat, fragt sie sich, ob nicht auch in Korinth die Toten herrschen würden und ob sie nicht in Kolchis hätte bleiben sollen.

Medea erinnert sich an ihr „Begräbnis" des Bruders

Medea erinnert sich, wie sie die Knochen ihres Bruders ins Schwarze Meer geworfen hat, einmal um ihn dort zu begraben, zum anderen, um die sie verfolgende Flotte der Kolcher aufzuhalten. Dieser schreckliche Anblick sei den Argonauten in Erinnerung geblieben und mache sie unsicher, wenn sie als Zeugen für Medea auftreten sollten. Selbst Jason sei ihr auf die Frage, ob er ihr zutraue, ihren eigenen Bruder ermordet zu haben, die Antwort schuldig geblieben. Mit den Erinnerungen seien auch ihre Träume wieder erwacht, berichtet Medea weiter. Jede Nacht träume sie von ihrem Bruder, aber auch von der ermordeten Korintherin Iphinoe.

Medea denkt daran, dass Jason sie auf ihrer Flucht vor seinen Argonauten gerettet hatte, die sie an die verfolgende kolchische

Flotte ausliefern wollten. Allerdings hätten sie Jason dazu veranlasst, sich bei der Priesterin Kirke, einer Schwester von Medeas Mutter, zu entsühnen, um die Götter über den Tod des Absyrtos, Medeas Flucht und Jasons Mithilfe zu beruhigen.

Auf ihrer Insel habe Kirke die Entsühnung an Jason und ihr vollzogen, erzählt Medea weiter. Dabei habe Kirke sie als unglücklich bezeichnet und ihr gesagt, dass sie, Kirke, selbst aus Kolchis vertrieben worden sei, als sie mit ihren Frauen gegen den König aufgetreten wäre. Ihr seien Verbrechen angelastet worden, die der König und sein Hofstaat selbst begangen hätten.

Kirke hat Entsühnung an Jason und Medea vollzogen

Sogar ihr Ruf als Priesterin und Heilerin sei zerstört worden und sie sei zur „bösen Zauberin" (S. 101) gemacht worden. Medea empfindet sich so als Nachfolgerin Kirkes. Ihre letzte Heilung habe Kirke an Medeas Mutter vollbracht, als sie sie nach der schweren Geburt Absyrtos' gerettet habe. Deshalb sei ihr der Tod von Absyrtos auch sehr nahegegangen.

Kirke hat Medea darüber aufgeklärt, dass die Männer zu ihr, der Frau, kämen, um sich unschuldig machen zu lassen. Männer seien da wie Kinder, Verzweiflung und Trauer ertrügen sie nicht, dazu hätten sie die Frauen „abgerichtet" (S. 102). Medea berichtet weiter, dass sie nicht auf Dauer bei Kirke hätte bleiben dürfen, da Kirke Medeas Aufgaben in der Welt gesehen habe.

Kirke schickt Medea wieder in die Welt

Medea erkennt rückerinnernd, dass jetzt eigentlich der Moment gekommen sei, um richtig böse zu werden. Aber sie sei nur fassungslos darüber, wie leicht und durchschaubar die Korinther sich und andere belügen könnten. Medea sagt von sich, nicht lügen zu können.

Sie erinnert sich, wie eng verbunden sie und Jason in ihrer Hilfe und Heilung für die verwundeten Argonauten gewesen seien. So habe sie nichts dagegen gehabt, Jason zu heiraten, nicht nur, um ihrer Auslieferung so zu entgehen. Um so schmerzlicher habe sie daher empfunden, wie Jason immer mehr zu einem Korinther und „Mann bei Hofe“ (S. 105) geworden sei. König Kreon und Akamas gegenüber könne sie „kalt“ (S. 105) bleiben, aber nicht gegenüber Jason. Sie habe Jason erzählt, was sie von Königin Merope erfahren habe: dass König Kreon seine Tochter Iphinoe habe töten lassen, aus Angst, sie könne ihn von der Macht verdrängen. Medea erkennt, dass sowohl Iphinoe wie auch ihr Bruder Absyrtos haben sterben müssen, weil durch sie Korinth bzw. Kolchis hätte gerettet werden sollen. Beide seien Opfer der Machtgier der jeweiligen Könige (ihrer Väter) geworden.

König Kreon hat seine Tochter Iphinoe töten lassen

Medea erkennt, dass sie Jason nicht hätte helfen, sondern in Kolchis hätte bleiben sollen.

Fünfte Stimme: Akamas
(S. 109–126)

Akamas ist erstaunt über die Arglosigkeit Medeas, glaubt aber, dass gerade die Arglosen andere ins Verderben stürzen. Er erinnert sich, dass sich, schon bevor Medea und die Argonauten an der Küste Korinths gelandet seien, die wildesten Gerüchte über die Heldentaten der Argonauten, besonders aber über die Faszination Medeas in Korinth verbreitet hätten.

Akamas ist von Medea fasziniert

König Kreon habe, als er von seinem Neffen Jason gehört habe, bereits vermutet, dass er trotz des Goldenen Vlieses seinen Thron nicht erringen könne und daher früher oder später nach Korinth fliehen würde. Hier wollte er Jason dann zum Nachfolger heranziehen und mit seiner Tochter Glauke verheiraten. Akamas sollte auf Befehl Kreons die Ankunft Jasons und seiner Frau vorbereiten.

Bei ihrer ersten Begegnung, der Ankunft der Argonauten, ist Medea hochschwanger, aber Akamas erinnert sich, dass sowohl ihre Schönheit, noch mehr aber ihre Augen und ihr Lachen ihn fasziniert hätten.

Die Geburt der Zwillinge Medeas wurde von den Kolchern fröhlich, wie ein Fest wahrgenommen und einige, auch hochgestellte Korintherinnen, hätten sich von den Kolcherinnen diese Art des Gebärens beibringen lassen. Allerdings sei die Heilkunst der Kolcherinnen vom Palast nicht übernommen worden, sie passe nicht zu den Korinthern.

Kontrast Kolcher – Korinther

Er beobachtete jedoch amüsiert, wie manche Korintherinnen sich mit den Kolcherinnen zusammensetzten und anschließend ihre Männer nachdenklich kritisch musterten. Aber bald werde es mit dem Ruhm Medeas als Heilerin vorbei sein, da wohl niemand zu einer Frau gehen werde, die ihren Bruder ermordet habe.

Akamas bedauert, dass er manches tun müsse, was ihm wenig behage. Er erinnert sich, dass er anfangs sehr vertraut mit Medea gewesen sei, ihr erklärt habe, „wie Korinth funktioniert“ (S. 113) und in diesem Zusammenhang sogar dargelegt habe, wie er seine Macht ausübe. Damals habe man sich in Korinth seiner selbst und seiner Macht sicher geglaubt. Akamas berichtet weiter, dass er lange Gespräche mit Medea über die Unterschiede zwischen der Lebenssicht der Korinther und der der Kolcher geführt hat. Er erkennt, dass Medea durch ihr Wissen und ihr Hinterfragen einen schnell in die Enge treiben konnte. Besonders wäre ihr das bei König Kreon gelungen. Nächtelang hätten Medea und Akamas auf der Terrasse seines Beobachtungsturms sich gegenseitig ihre Auffassungen von Astronomie erklärt; dabei stellten sie auch fest, dass Medea als erste Frau die Sphärenmusik im gleichen Augenblick wahrnahm wie Akamas. Akamas erinnert sich aber auch eines Streitgespräches mit Medea über seinen Wunsch, als Astronom in der Erinnerung seiner Landsleute weiterzuleben. Medea habe das nicht nachvollziehen können.

Akamas und Medea

Damals sei es den Korinthern gut gegangen, erzählt Akamas weiter, auch die „unglückselige Geschichte mit Iphinoe“ (S. 117) sei in Vergessenheit geraten. Akamas wäre zu Iphinoes Lebzeiten noch jung gewesen. Im Rat hätte es damals zwei Parteien gegeben, eine auf Seiten König Kreons, eine auf Seiten Königin Meropes. Diese hätte eine wichtige Stimme gehabt, da nach einer alten Sitte der König die Krone von der Königin geliehen bekommen und die Herrschaft sich in mütterlicher Linie vererbt hätte. Eine mächtige Nachbarstadt hätte Korinth damals ein Bündnis angeboten, das Korinth „sicher und unangreifbar gemacht hätte" (S. 118). Bedingung wäre gewesen, dass der junge König dieser Stadt Iphinoe zur Frau bekäme, die später Kreons Nachfolgerin werden würde. Kreon hätte diesen Vorschlag im Gegensatz zur Königin abgelehnt. Er hätte sich mit seiner Auffassung durchgesetzt, das Opfer zur „Rettung" Korinths wäre Iphinoe.

König Kreon bricht aus Machtbesessenheit mit der Tradition

Medea habe diese Erklärung hinterfragt und später, als Akamas durch die Denunzierung Presbons und Agamedas zu seinem eigenen Entsetzen erfahren habe, dass Medea alles über Iphinoe wüsste, habe Medea auf sein Nachfragen behauptet, sie habe nie vorgehabt, darüber zu sprechen, und habe nur für sich selbst „Klarheit" (S. 119) haben wollen.

Akamas glaubt allerdings, dass Medea und er sich ab da als Feinde gegenüberstünden. Er versuchte, Medea in die Enge zu treiben, indem er hinterfragte, ob sie nicht eigentlich Kolchis verlassen habe, um ihrer Bestrafung als Brudermörderin zu entgehen und ob sie ihren Kolchern nichts vorgemacht habe.

Aber dieser Versuch sei bei Medea ins Leere gelaufen, berichtet Akamas weiter. Sie habe ihn im Gegensatz dazu veranlasst, den Mord an Iphinoe weiter zu rechtfertigen. Akamas habe sich damals von einem jungen Beamten, der dabei gewesen war, berichten lassen, dass Iphinoe im Beisein ihrer Amme auf einem Altar geopfert worden war. Insofern verärgert es Akamas besonders, dass Medea hier von Mord spricht. Allerdings wäre die Amme hierüber wahn-

Iphinoe war im Beisein ihrer Amme auf einem Altar geopfert worden

sinnig geworden und hätte sich umgebracht und Königin Merope wäre stumm geworden und hätte sich ganz vom Palastleben zurückgezogen. Die Korinther hingegen hätten nur zu gerne der Täuschung geglaubt, dass Iphinoe von fremden Seeleuten entführt worden wäre, um mit deren jungem König verheiratet zu werden.

Akamas hat diesen Selbstbetrug der Menschen immer wieder fasziniert beobachtet und sieht auch den Niedergang der Medea als unaufhaltsam voraus. Auch Medeas Wunsch, er möge öffentlich zugeben, dass sie nicht die Mörderin ihres Bruders sei, könne er nicht erfüllen, da die bereits losgelöste „Geröllawine“ (S. 124) nicht mehr aufzuhalten sei. Sie würde jeden, der das versuche, unter sich begraben. Akamas versucht, sein schlechtes Gewissen hinter der Erklärung der Staatsraison zu verstecken.

Akamas und die Staatsraison

So hasse er auch Presbon und Agameda, die er lieber für ihre gehässige Denunziation hätte bestrafen lassen. Aber die jungen Leute hätten heute keine Skrupel mehr. Das sähe er besonders an seinem Mitarbeiter Turon, der sich selbstsicher ohne Skrupel über die moralischen Gebote hinwegsetze.

Auch Leukon bestätige das. Aber Akamas weiß, dass Leukon und er nicht auf der gleichen Ebene stünden. Leukon gehöre zu der Gruppe von Korinthern, die genauer nach dem Schicksal Iphinoes fragten. Er sei nur ein Astronom der zweiten Riege, die sich nicht mit der Deutung der Sterne und der Politik beschäftigen dürften. Aber Leukon führe ein geruhsames, „nur seinen eigenen Maßstäben verpflichtete[s] Leben“ (S. 126), auf das Akamas zuweilen neidisch ist.

Medea trifft sich mit Leukon

Missmutig und eifersüchtig entdeckt Akamas, dass Medea sich mit Leukon trifft. Falls dieser versuchen sollte, sie zu retten, könne er allerdings auch Leukon nicht schützen. Betroffen denkt er an die letzte Frage, die Medea ihm nach ihrem langen Gespräch gestellt hatte: „Wovor lauft ihr alle eigentlich davon“? (S. 124)

Sechste Stimme: Glauke
(S. 129–149)

Glauke behauptet, alles sei ihre Schuld

Glauke behauptet, alles sei ihre Schuld. Sie habe die Strafe längst erwartet. Sie bittet Helios, er möge die Strafe von der Stadt nehmen und auf sie legen.

In Korinth ist die Pest ausgebrochen, und Glauke fragt sich, welche Schuld so groß sein könne, dass sie die Pest nach sich ziehe. Sie überlegt, ob sie Turon fragen solle, den ihr Akamas als Beschützer gegeben hat und der nicht mehr von ihrer Seite weicht. Aber ihr graust vor Turon und sie ekelt sich vor ihm.

Ganz anders sei das mit Medea gewesen, deren Namen sie nicht mehr aussprechen will, denn ihre ganze Umgebung empfehle ihr, Medea zu vergessen.

Medea versucht Glauke mehr Selbstbewusstsein zu geben

Kreons maßlosen Zorn gegen Glauke legt sie als Verzweiflung aus und freut sich, dass der Vater sie wenigstens im Zorn berührt hat. Sie empfindet sich als hässlich und behauptet – unter dem Einfluss Turons –, dass Medea, als sie versuchte, Glauke aufzubauen und ihr Schönheitstipps gab, ihr nur geschmeichelt habe. Medea habe sie mit Arinna, der Tochter Lyssas, bekannt gemacht und beide hätten Glaukes schwarze, triste Kleidung gegen ein leuchtend blaues Kleid getauscht. Dass einer der jungen Köche, der sie nicht erkannt habe, hinter ihr hergepfiffen habe, empfindet Glauke zwar eigentlich als „unerhört", aber „wunderbar" (S. 131). Auch dass sie ihre Arme und Beine nun geschickt bewegen kann, sei, wie Turon sie lehrte, nur „Täuschung, Verhöhnung" und „schwarze Magie" (S. 131 f.) Medeas gewesen.

Als König Kreon erfuhr, dass Glauke engen Kontakt mit Medea habe, sei er außer sich vor Zorn gewesen und habe sie geschüttelt. Er hätte dies nicht getan, wäre Medea dabei gewesen. Glauke fragt sich, ob Medea überhaupt bemerkt habe, dass die Menschen sich anders benehmen, wenn sie einen Raum betritt.

Glauke erinnert sich, wie sie voll Erwartung heimlich, als Magd verkleidet, die Ankunft der Kolcher beobachtet habe und dabei von Jason fasziniert gewesen sei. Unter Turons Einfluss bezeichnet Glauke Medeas Versuche, ihr mehr Selbstbewusstsein zu geben, ihr Arinna als Freundin zugeführt zu haben und den freudigen angstfreien Zeitvertreib, der sogar half, Glaukes epileptische Anfälle zu verringern, als „grausame Lüge" (S. 134) und Täuschung. Sie sagt, Turon kümmere sich jetzt als Beschützer um sie, aber sie könne keinen Schritt mehr alleine machen. Gerade das habe Medea aber versucht, ihr beizubringen. Auch Arinna habe sie ins Vertrauen gezogen und ihr gestanden, dass sie an Jason hinge.

Turon als Beschützer

Medea habe ihr geraten, erinnert sich Glauke, ihre Vergangenheit nicht zu verdrängen, sondern sich auf sie einzulassen und wie an einem „Seil" (S. 135) in sie hinabzusteigen. Sie könne so ihre Ängste besiegen. So sei es Medea gelungen, dass Glauke an ihrer Hand über den Palasthof gegangen sei, wovor sie sich sonst zu Tode gefürchtet habe. Jetzt bezeichnet Glauke das als Zauberei. Sie sagt zwar, Medea habe sie getäuscht, ist allerdings sehr verunsichert.

Glauke ist verunsichert

Glauke behauptet, nicht mehr zu wissen, wie es Medea gelungen sei, sie dazu zu bringen, ihre lang verdrängten Erinnerungen hervorzuholen. So sei es Medea gelungen, dass Glauke sich daran erinnerte, wie ihre Mutter verzweifelt schreiend auf dem Palasthof auf ihren Vater losgegangen sei und ihm das Gesicht zerkratzt habe. Glauke behauptet, Medea zu hassen, und sie könne sich vorstellen, dass diese ihren kleinen Bruder getötet habe. Alles Übel könne sie auf die Stadt herabziehen. Am besten wäre es, sie würde wieder „verschwinden" (S. 139).

Auf weiteres Nachfragen Medeas habe Glauke sich erinnert, dass ihre Mutter sich nach dem schrecklichen Streit mit ihrem Vater auch von ihr zurückgezogen und sie bald darauf schrecklichen Hautausschlag bekommen hätte. Ihre Mutter sei dann allerdings wiedergekommen und habe ihr Umschläge gemacht. Turon versucht, Glauke davon zu überzeugen, dass ihre Mutter wahnsinnig geworden sei. Als Glaukes Hautausschlag zurückgekommen ist, habe Medea behauptet, dass sei ein Zeichen der Heilung. Sie habe sie wie ihre Mutter gepflegt und der Ausschlag sei zurückgegangen. Allerdings habe Medea sie danach im Stich gelassen, dafür „hasse" (S. 141) Glauke sie.

Immer lauter werde Medea nachgesagt, dass sie ihren Bruder ermordet habe, und ihr Name werde auch im Zusammenhang mit der Pest genannt. Das habe Agameda, die sich um sie kümmere, erwähnt. Um mehr zu erfahren, habe sich Glauke naiv gestellt, und da alle im Palast sie für zurückgeblieben hielten, habe sich keiner mit seinen Reden zurückgehalten.

Zwiespalt Glaukes in Bezug auf Medea

Einerseits behauptet Glauke, Medea ihr Verderben zu gönnen, andererseits befürchtet sie, Medea zu verlieren. Sie muss auch zugeben, dass Medea, solange sie konnte, versucht habe, Kontakt zu ihr zu halten. So habe sie sie eines Tages zum Bildhauer Oistros bestellt. Hier habe sie auch die Steinschneiderin Arethusa kennengelernt und festgestellt, dass Oistros und Medea sowie Arethusa und Leukon Liebespaare sind. Von ihnen sei sie wie ihresgleichen behandelt worden und habe glückliche Stunden verbracht.

Inzwischen seien aber alle Personen, die mit Medea in Verbindung standen, aus Glaukes Umgebung verschwunden. Glauke redet sich ein, dass dies alles nur zu ihrem Besten geschehe. Sie erwarte für Medea die Katastrophe. Das sei das einzige Gefühl, das sie mit Jason verbinde, der nun immer öfter bei ihr auftauche.

Obwohl Glauke weiß, dass er das nur im Auftrag des Königs tut, ist sie doch darüber glücklich und erhofft sich, als Königin an seiner Seite leben zu können.

An dem Nachmittag bei Oistros sei es Medea gelungen, erzählt Glauke, ihre Erinnerung an ihre Schwester Iphinoe wiederzuerwecken. Turon will Glauke davon überzeugen, dass sich Iphinoe ohne sich zu verabschieden von einem fremden König aus Liebe habe entführen lassen. Glauke tut so, als glaube sie ihm. Aber sie erinnert sich an den Morgen, als sie gesehen hat, wie Iphinoe von Bewaffneten im eigenen Palast weggeführt wurde. Glauke habe diese Erinnerung Medea erzählt und von ihr bestätigt bekommen, dass, was sie schon lange ahnte, Iphinoe „tot" (S. 148) sei.

Glauke erinnert sich an ihre Schwester Iphinoe

Turon und ihr Vater versuchen Glauke einzureden, alle diese Erinnerungen seien von Medea herbeigezauberte Trugbilder. Sie solle sie vergessen, es kämen jetzt bessere Tage für sie. Entsetzt hört Glauke, dass das Volk Medea als Opfer verlangt. Sie bittet Helios um Hilfe und spürt, dass sie durch die Aufregung einen epileptischen Anfall bekommen wird. In ihrer Angst ruft sie nach Medea.

7. Stimme: Leukon
(S. 153–171)

Leukon erkennt, dass die Pest in Korinth um sich greift und dass Medea verloren ist. Aber er behauptet, ihr nicht helfen zu können. Leukon will nicht eingreifen, sondern lieber nur beobachten. Aber er will die Götter bitten, Medea und Arethusa zu beschützen, denn nur diese beiden Frauen bedeuten ihm etwas.

Medea und Arethusa bedeuten ihm viel

Medea besucht Leukon öfter in seinem Turm, auch jetzt noch, wo die Pest wütet. Vergeblich habe er Medea und Oistros versucht zu warnen, berichtet Leukon. Aber Medea schlage seine Warnungen in den Wind, und Oistros genieße die neue Lust am Leben, die er durch Medea erfahren habe. Leukon wundert sich über Oistros, der, obwohl er sich vom herkunftslosen Findelkind zum begehrtesten Bildhauer Korinths emporgearbeitet habe, weder reich sei noch den Neid anderer auf sich zöge. Er sei ein „Menschenfänger" (S. 155), in dessen Gegenwart sich jeder wohlfühle.

Arglosigkeit Medeas

Leukon hält Medeas Sorglosigkeit für sträflich gefährlich. Er erinnert sich daran, dass Akamas ihn schon öfter auf seine Beziehung zu Medea angesprochen habe und er daraufhin erzürnt Akamas vorgeworfen habe, aus seinen genauen Sternenberechnungen falsche Voraussagen gemacht zu haben, um Kreon zufriedenzustellen. Allerdings sei keine seiner positiven Voraussagen eingetroffen, im Gegenteil. Akamas' Stern am Hof beginne zu sinken, aber Akamas könne nicht ertragen, wenn er nicht in der Gunst des Königs ganz oben stehe. Das habe Akamas ihm damals, als die Geschichte mit Iphinoe geschah, gesagt.

Medea bedauert, dass in Korinth (staatliche/moralische) Übereinkünfte nicht gehalten werden, wenn Belastungen kommen. Leukon wundert sich, dass Medea solche Übereinkünfte überhaupt ernst nimmt. Er versucht Medea vor Akamas zu warnen, den er nun mit günstigen Voraussagen für König Kreon versorgt. Leukon erkennt, dass Medea und den Kolchern der „sechste Sinn" (S. 158) der Korinther für die Launen ihrer Herrscher, von denen sie abhängig sind, fehlt.

Er will Medea nicht sagen, dass viele Korinther Medeas Selbstsicherheit für unberechtigten Hochmut halten. Medea empfiehlt ihm, seinen Gefühlen freien Lauf zu lassen. Leukon denkt an seine Geliebte Arethusa, deren Fremdheit auf ihn anders wirkt als die der Medea, und er erinnert sich daran, dass Arethusa außer ihm noch einen zweiten Geliebten hat. Medea habe Leukon darauf aufmerksam gemacht, dass „in jedem Übel doch auch ein Körnchen Gutes stecke" (S. 162). So hätte sie ohne den Volkszorn, vor dem sie habe fliehen müssen, nie Oistros und Arethusa kennengelernt.

Abstand zu den Korinthern

Leukon muss manchmal feststellen, dass es auch Schönheit in Korinth gibt, die ihn dankbar macht, hier zu leben, obwohl er eigentlich Abstand zu den Korinthern hält. Allerdings liebt er die Sterne mehr als die Menschen.

Als einer seiner Schüler ihm erzählt habe, dass Medea vom Pöbel durch die Straßen gejagt werde, erinnert sich Leukon, sei er sofort zu Akamas gegangen. Der habe alle Schuld von sich gewiesen. Leukon habe ihm darauf ins Gesicht gesagt, dass er glaube, Akamas habe den Pöbel bezahlt, um Medea zu jagen. Er gab Akamas zu verstehen, dass er ihn durchschaut habe: Akamas wolle Medea vernichten, weil er befürchte, dass sie die Sache mit Iphinoe aufdecken würde. Aber Leukon hat nicht den Mut, daraus Konsequenzen zu ziehen.

Leukon durchschaut Akamas

Als er Medea von dieser Begegnung berichtet habe, erzählt Leukon weiter, habe sie ihm erzählt, wie sie bei ihrer Flucht vor dem Pöbel erkannt habe, dass die Menschen „überall herausfallen aus ihren Übereinkünften" (S. 165), dass man davor gar nicht fliehen könne. Schließlich habe Oistros sie gerettet und nun habe sie wieder einen festen Ort in dieser Stadt.

Nach dem Erdbeben habe Leukon erkannt, dass auch hier Akamas, um von sich selbst abzulenken, Medea zum Sündenbock gemacht habe. Medea habe ihm bestätigt, dass sie es genauso sehe.

Akamas hat Medea zum Sündenbock gemacht

Einmal habe Leukon mit Lyssa über Medea sprechen können. Lyssa habe ihm gesagt, dass sich Korinth selbst zerstören werde, und dann sei Medea verloren. Ursache hierfür sei ihrer Meinung nach die Selbstüberhebung Korinths.

Nach dem Ausbruch der Pest, berichtet Leukon weiter, konzentriere sich das korinthische Königshaus nur noch auf sich selbst und ziehe die Wut der unter der Pest leidenden Korinther auf sich. Akamas verrät Leukon, dass das Königshaus beabsichtige, die Stadt zu verlassen. Panik unter der Bevölkerung würde dann von den Sicherheitskräften im Keim erstickt werden.

Obwohl Medea sehr viel für die Pestkranken tue, komme, von Akamas gefördert, das Gerücht auf, sie habe der Stadt die Pest gebracht. Trotz Leukons Warnungen flieht Medea nicht aus Korinth.

Leukon sieht keinen Ausweg mehr und ergibt sich dem Schicksal. Als Medea ihn diesmal verlässt, sieht er ihr lange nach. Die Stadt ist aus Angst vor der Pest wie leer gefegt.

8. Stimme: Medea (S. 175–197)

Medea als Gefangene

Medea wartet als Gefangene auf das Gerichtsurteil. Sie erinnert sich daran, dass sie auf Einladung der Artemis-Priesterinnen als Fremde zum großen Frühlingsfest der Korinther gegangen ist. Lyssa habe das als Hochmut angesehen, Medea hingegen habe gehofft, es werde als Versöhnungsgeste aufgefasst werden.

Medea glaubt nicht mehr daran, dass das menschliche Schicksal an die Gestirne gebunden ist, dass dort Götter wohnen, die die Geschicke der Menschen lenken. Sie hat erkannt, dass Akamas ähnlich denkt, er allerdings aus „abgrundtiefer Gleichgültigkeit gegenüber jedermann“ (S. 176).

Medea erinnert sich an den Morgen, an dem sie zum Opferfest ging. Sie fühlte sich wohl und legte ihr weißes Priesterinnenkleid an. Der durch ihren Lebensschmerz bedingte Haarausfall war vorbei. Sie wollte wieder leben und sah in Oistros auch einen starken Anlass dafür.

Lyssa sei mit ihrem Vorhaben nicht einverstanden gewesen, und sie sollte Recht behalten. Aber Medea glaubt, dass sie doch immer wieder das Gleiche tun würde, mit den gleichen Konsequenzen. Medea denkt an ihre Söhne und dass sie ihnen nicht erlaubt hatte, mit zum Opferfest zu gehen.

Glauke und Jason ein Paar

Sie sieht ihre Richter und die Zeugen an ihrem Gefängnis vorbeigehen. Agameda blickt hasserfüllt zu ihr hinein. Medea sieht, dass Glauke und Jason wohl ein Paar sind und heiraten werden. Die Korinther müssen Medea also loswerden.

Medea denkt daran, wie ihr auf dem Weg zum Festplatz die Stadt Korinth und besonders die Opferstiere als schlechtes Omen erschienen seien und wie sie ihre Zuversicht verloren habe. Sie fragt sich, ob eine Verkettung von Umständen oder sie selbst sich in diese Lage gebracht habe. Oft habe sie mit Oistros und Arethusa über die Schattenseiten von Korinth diskutiert. Oistros habe dabei erkannt, dass die Korinther nur unauffällige, sich unsichtbar machende Fremde akzeptieren würden, aber das stünde Medea ja nicht frei.

Medea erkennt im Gesicht ihrer Wächter weder Hass noch Mitleid, nur Gleichgültigkeit ihr gegenüber.

Sie erinnert sich an den Weg zum Artemistempel, wie sie das Todesgebrüll der Opferstiere erschreckt hat. Die jungen Korintherinnen hätten die Statue der Artemis mit den Stierhoden geschmückt. Als zwei Wächter die Nachricht brachten, entflohene Gefangene hätten die Totenstadt überfallen und ausgeraubt, habe sich die Menge auf die Asylanten im Tempel gestürzt, um sie zur Sühne nach alter Sitte der Artemis zu opfern. Medea habe die Opferung der Gefangenen verhindern können, aber einen Asylanten der Menge überlassen müssen.

Medea rettet die Gefangenen vor dem Volkszorn

Angewidert sei Medea aus dem Tempelbezirk geflüchtet. In einem Olivenhain habe sie die von Akamas geheim gehaltene Mondfinsternis beobachtet. Auch hierfür, glaubte Medea, würden die erschreckten Korinther sicher wieder Schuldige suchen. Medea befürchtete, dass das die Kolcher sein könnten. Sie erinnerte sich daran, dass Lyssa sie habe retten wollen, indem sie Medea angeboten habe, mit Lyssas Tochter Arinna in die Wildnis zu fliehen. Aber Medea habe abgelehnt.

Inzwischen habe der verzweifelte Oistros nach Medea gesucht, damit sie der an der Pest erkrankten Arethusa, die sich bei ihrem alten Geliebten angesteckt hatte, helfe. Medea habe auf ihrer

„Flucht" von dem Artemisfest ihre Kolcherinnen, die das Fest der Demeter feierten, gefunden. Erfreut habe sie mit ihnen an dem Lauf über glühende Kohlen teilgenommen. Dabei sei der Mond zurückgekommen, was von ihnen mit Jubel registriert worden sei.

Turon wird von den Kolcherinnen kastriert

Als Turon versucht habe, als Strafe für die Pest und die Mondfinsternis im heiligen Hain der Kolcher eine Pinie zu fällen, hätten sich die vom Rhythmus und vom Lorbeer rasend gemachten Kolcherinnen auf ihn gestürzt und ihn kastriert. Gegen den Willen des Oistros, der die Gefahr gesehen habe und Medea verstecken wollte, habe Medea Turon das Leben gerettet und ihn zum Palast gebracht. Als Strafe hätten die Korinther alle Kolcher, die nicht geflohen seien, niedergemetzelt. Jason habe verhindert, dass die Korinther sich an seinen Söhnen und Lyssa vergriffen hätten. Medea sei verhaftet worden mit der Begründung, sie hätte die Frauen, die Turon verstümmelt haben, angeführt.

Während Medea auf das Urteil wartet, kommt Leukon vorbei. Arethusa ist an der Pest gestorben und Leukon ist aus Kummer zum alten Mann geworden. Medea erwartet den Urteilsspruch.

9. Stimme: Jason
(S. 201–208)

Jason versucht sich reinzuwaschen

Jason versucht sich reinzuwaschen: Er habe das nicht gewollt, er hätte nichts tun können, Medea sei selbst schuld gewesen. Aber er habe sich von Medeas Blick verunsichert gefühlt.

Jason berichtet, dass die Kastration Turons das Verhältnis zwischen den Korintherinnen und ihren Männern verändert hätte. Akamas und Kreon hätten seine (halbherzigen) Versuche, Medea zu verteidigen, direkt im Keim erstickt. Zudem sei die ganze Gerichtsverhandlung eine Farce gewesen, da das Urteil bereits vorher festgestanden hätte.

Die Gerichtsverhandlung

Jasons Versuch, durch Medea von seinen Gewissensbissen entlastet zu werden, scheiterte. Während Presbon vor Gericht sich vor allem selbst produzieren wollte und zu jeder Aussage gegen Medea bereit gewesen wäre, hätte Agameda viel geschickter alle Handlungen Medeas so darzustellen verstanden, dass es so ausgesehen habe, als hätte Medea planmäßig den Untergang des Hauses Kreon betrieben. Alle hätte Medea nur zu ihrem Zweck benutzt, auch Glauke und Jason.

Medea solle verbannt werden ohne ihre Kinder, die im Palast standesgemäß erzogen werden sollen, habe schließlich das Urteil gelautet. Jason berichtet weiter, dass zum Erstaunen aller Agameda und Glauke sich, wenn auch aus unterschiedlichen Gründen, dafür eingesetzt hätten, dass Medea ihre Kinder mitnehmen dürfe. Jason erkennt, dass Glauke, die er bisher als für sein Fortkommen am Hofe nützlich, aber völlig uninteressant und farblos eingestuft hatte, wohl doch nicht so bequem für ihn werden würde wie gedacht.

Leukon, der sehr gealtert sei, habe einfach den Gerichtssaal vor der Urteilsverkündung verlassen. Jason empfindet das als Skandal und Missachtung des Königs. Nach der Gerichtsverhandlung erlebte Jason, wie Glauke einen epileptischen Anfall erlitt. Entsetzt stellt er sich vor, was ihm bei einer Ehe mit Glauke noch bevorsteht.

Jasons Angst vor einer Ehe mit Glauke

Jason ging später noch zu Medea. Er wollte, dass sie ihre Schuld einsieht und zugibt, dass Jason ihr nicht habe helfen können. Aber Medea bedauerte ihn nur. Jason wurde wütend und vergewaltigte Medea. Dann verließ er sie und sah sie nicht wieder.

10. Stimme: Leukon (S. 211–220)

Leukon trauert um Arethusa und reflektiert über die Leidensfähigkeit der Menschen. Er hat den hellsten Stern des Himmels, der noch keinen Namen hatte, nach ihr benannt. Nach langen Überlegungen hat Leukon erkannt, dass er bei all dem, was er in letzter Zeit erlebt hat, immer beide Seiten verstehen könne. Leukon erinnert sich an Medea und ihren Spießrutenlauf durch die hasserfüllte Menge der Korinther, als sie aus der Stadt verbannt wurde. Er beneidet Medea, weil sie selbst in dieser Situation frei von innerem Zwiespalt gewesen sei.

Leukon versteht sowohl Medea wie die Korinther

Auf der anderen Seite hat Leukon aber auch Erbarmen mit den leicht manipulierbaren Korinthern. Er zählt sich zu ihnen, weil er auch nichts getan hat, um Medea zu retten. Leukon befürchtet, dass Arethusa, würde sie noch leben, ihn wegen dieser Feigheit nicht mehr wollen würde. Er kritisiert Medea aber auch, weil sie ihn und die Korinther zu Entscheidungen gezwungen habe, denen sie nicht gewachsen gewesen seien.

Leukon erinnert sich an seine letzte Begegnung mit Oistros. Dieser vernachlässige sich ganz und lebe nur noch in seiner Arbeit. Er wolle sich zu Tode arbeiten. Leukons Gedanken gehen zu Medea zurück, wie sie, maßlos, wie eine Furie erscheinend, in den Tempel der Hera eingedrungen sei und ihre Kinder dem Schutz der Göttin anvertraut habe. Nach ihrer Verbannung sei sie nun unauffindbar. Es gehe sogar das Gerücht, sie sei von der Göttin Artemis der Erde enthoben worden. Die Korinther hätten nämlich nach dem Selbstmord Glaukes vergeblich mit allen Mitteln versucht, Medeas Aufenthaltsort zu erfahren.

Selbstmord Glaukes

König Kreon sei nach dem Tod seiner Tochter nur noch ein Schatten seiner selbst und man spekuliere schon über seine Nachfolge. Jason lebe jetzt unter seinem immer mehr vermoderndem Schiff, mühsam von seinem einzig verbliebenen Gefährten Telamon versorgt.

Obwohl es Zeugen gäbe, die erzählten, wie Glauke sich nach der Verbannung Medeas halb wahnsinnig vom Hof und Jason distanziert und schließlich im Hofbrunnen Selbstmord begangen habe, verbreite Akamas, der jetzt endgültig und eindeutig der starke Mann in Korinth sei, das Gerücht, Medea habe Glauke mit einem vergifteten Gewand in den Tod getrieben. Akamas habe außerdem alle Zeugen mundtot gemacht und Beweise seiner Intrigen beseitigt. Nur Leukon sei trotz seines Wissens für Akamas ungefährlich, weil Leukon zwar die Menschen durchschaue, aber resigniert habe.

Steinigung von Medeas Kindern

Zuletzt berichtet Leukon, dass die Korinther die Kinder Medeas gesteinigt hätten, quasi als „Ersatz“ für Medea, derer sie nicht habhaft werden konnten.

Ursula Höpfner-Tabori als Medea in Tanja Weidners Inszenierung von Wolfs *Medea* am Berliner Ensemble 2008
© ullstein bild – Lieberenz

11. Stimme: Medea
(S. 223–224)

Medea und Lyssa in der Verbannung

Medea hat von Arinna erfahren, dass die Korinther ihre (Medeas) Kinder ermordet haben. Das unmenschliche Leben in der Verbannung hat Medea und Lyssa, die bei ihr geblieben ist, verändert. Medea und Lyssa hatten gehofft, Medeas Kinder würden sie rächen. Sie hatten sich vorgestellt, wie sie aufwuchsen, dabei waren sie schon lange tot.

Medea weigert sich, an die Götter und ihr Walten zu glauben. Sie fühlt sich leer und frei.

Medea verflucht die Korinther

Die Korinther haben das Gerücht in Umlauf gebracht, Medea selbst habe ihre Kinder getötet, um sich an Jason zu rächen, und sogar einen „Erinnerungskult" kreiert. Auf die Frage, ob Jason und die Kolcher dieses Gerücht glauben würden, erfährt Medea, dass die Kolcher, bis auf die Frauen, die geflohen sind, tot seien und Jason in Korinth nichts mehr zu sagen habe. Medea verflucht die Korinther und alle, die sie und ihren Ruf vernichtet haben.

Für ihre Frage schließlich, in welche Zeit und Welt sie passen würde, findet Medea keinen, an den sie sie richten könnte.

3.3 Aufbau

ZUSAMMENFASSUNG

Es gibt keinen durchgängigen Handlungsverlauf.
Der Roman ist in elf innere chronologisch geordnete Monologe unterteilt.
Vor jedem Monolog steht ein reflektierendes Motto.

Romanaufbau und -struktur

Elf Monologe = Stimmen

Der Roman *Medea. Stimmen* hat keinen durchgängigen Handlungsverlauf. Der Untertitel *Stimmen* verrät aber schon die Struktur: In elf inneren Monologen – „Stimmen" – erzählen und reflektieren die Hauptpersonen des Romans über sich, ihre Gefühle und Gedanken sowie das Geschehen. Dabei sind die elf „Stimmen" sechs Romangestalten zugeordnet: Medea, Jason, Agameda, Akamas, Glauke und Leukon, wobei Medea viermal, Jason und Leukon je zweimal sowie Agameda, Glauke und Akamas je einmal „zu Wort" kommen.

Die einzelnen „Stimmen" folgen der Chronologie des Geschehens, sodass man die Zuspitzung zur Katastrophe für Medea aus verschiedenen „Blickwinkeln" zwar „miterleben" kann, aber die einzelnen Aussagen der „Stimmen" sind subjektiv gefärbt und das Geschehen ist in die übrigen Gedanken der Protagonisten eingebettet. Die einzelnen „Stimmen" sind nicht aufeinander bezogen und auch von keinem übergeordneten, außerhalb des Geschehens stehenden Erzähler miteinander verbunden oder eingerahmt: Der Roman besteht vielmehr aus 11 unabhängigen Einzelaussagen.

Vor jeder Stimme ein kurzes Motto

Vor jeder „Stimme" steht ein kurzes Motto. Eine kleine Reflektion über die Transparenz der Epochen von Elisabeth Lenk, die Auflistung der „Stimmen" und der „anderen Personen" sowie eine Art

Vorwort oder Einleitung, in der Christa Wolf über die Verbindung von Vergangenheit und Gegenwart reflektiert, sind dem „Hauptteil", den „Stimmen", vorangestellt.

Damit ergibt sich für den Roman folgende Aufbaustruktur:

VORBEMERKUNGEN/EINFÜHRUNGEN	
Reflexion von Elisabeth Lenk	→ Anachronismus der Epochen
Auflistung	→ „Die Stimmen" und „Andere Personen"
Vorwort/Einleitung von Christa Wolf	→ Verbindung von Vergangenheit und Gegenwart

DIE STIMMEN		
I	Motto von Seneca: Credo der Medea	1. Stimme: *Medea*
II	Motto von Platon: Sucht der Männer nach Unsterblichkeit	2. Stimme: *Jason*
III	Motto von Euripides: Frauen als „Meisterinnen des Bösen"	3. Stimme: *Agameda*
IV	Motto von Seneca: Wo Medea ist, sind keine Götter	4. Stimme: *Medea*
V	Motto von Cato: Ungleichheit der Geschlechter	5. Stimme: *Akamas*
VI	Motto von Ingeborg Bachmann: Vernichtung aller „Existenz"	6. Stimme: *Glauke*
VII	Motto von René Girard: Glaube an die Schicksalhaftigkeit des Unglücks	7. Stimme: *Leukon*
VIII	Motto von René Girard: Gewalt und „Verkleidung"	8. Stimme: *Medea*
IX	Motto von Euripides: Glück gibt es nur ohne Frauen	9. Stimme: *Jason*

X	Motto von Dietmar Kamper: Die Erde als Spielball des Schicksals	10. Stimme: *Leukon*
XI	Motto von Ariana Cavarero: Männer und ihre Einstellung zum Tod	11. Stimme: *Medea*

Das „Gewebe" der Stimmen

Skizziert man die Anordnung der elf „Stimmen", so ergibt sich folgendes Bild:[29]

Medea
Jason, Agameda
Medea
Akamas, Glauke, Leukon
Medea
Jason, Leukon
Medea

„Medeas Monologe erscheinen also in systematisch gefügten Abständen und umrahmen jeweils zwei oder drei der anderen ‚Stimmen'"[30]: zunächst die der mit ihr nach Korinth Geflüchteten, also die des Argonauten Jason und der Kolcherin Agameda, dann die der Korinther Akamas, Glauke und Leukon und schließlich die Jasons und Leukons.

„Titelheldin" Medea hat die meisten Monologe

Die „Titelheldin" Medea hat also nicht nur am meisten Monologe und erhält damit ein zahlenmäßiges Übergewicht, sondern Christa Wolf hat ihre „Stimme" auch jeweils an exponierter Stelle eingebaut. Nicht nur, dass Medea den Anfangs- und den Schluss-

29 Vgl. hierzu auch Ehrhardt, Maire-Luise: *Christa Wolfs ‚Medea', eine Gestalt auf der Zeitengrenze*, S. 19 f.
30 Ebd., S. 19.

monolog spricht, auch ihre beiden anderen Monologe stehen jeweils an „Schlüsselstellen" des Romans. Medeas Verhalten hat immer Auswirkungen, die dann in den Ausführungen der anderen „Stimmen" „diskontinuierlich und oft nur fragmentarisch (...) erschlossen" werden.[31] Einmal geschieht das durch ihre „Gefährten" (männlich/weiblich sowie pro/kontra), sodann durch die Vertreter des „Gastgebervolkes" (kontra, schwankend, pro) und schließlich nochmals durch ihre durch die Ereignisse zu einer Entscheidung gezwungenen männlichen „Gefährten", die beide versagen.

„Multiperspektivische Betrachtung

Betrachtet man Christa Wolfs Romanstruktur als Ganzes, so ergibt sich durch die sechsfache Darstellung des Geschehens eine „multiperspektivische Betrachtung eines Ereignisses"[32]. Durch die den „Stimmen" vorangestellten Mottos aus philosophischen und literarischen Texten hat Christa Wolf zudem quasi noch weitere „Stimmen" und somit eine zusätzliche Perspektiverweiterung vorgenommen. Damit kommt ihr Roman von der formalen Anlage her dem „poetischen Konzept eines ‚Gewebes'"[33] sehr nahe.

Zugleich tritt Christa Wolfs Roman durch die Mottos zwischen den „Stimmen", die aus literarischen Texten sowie theoretischen Überlegungen zum Opfermechanismus und zum Verhältnis der Geschlechter zueinander bestehen, explizit in Dialog mit früheren Bearbeitungen und Reflektionen des Medea-Mythos: „es ist eine Referenz an die alten wie neuen Autoren, auch ein Hinweis auf die lange Reihe der Vorläufer und Vorläuferinnen und darauf, daß man selbst ein Glied in der Kette ist."[34]

Außerdem lässt sich diese Darstellungsstruktur „als Versuch begreifen, dem Leser auch das Gewebe bewusst zu machen, in

---

31 Roser, Birgit: *Mythenbehandlung und Kompositionstechnik in Christa Wolfs ‚Medea. Stimmen'*, S. 99.
32 Stanzel, Franz: *Typische Formen des Romans*, S. 38, zitiert nach Roser, Birgit, S. 96.
33 Roser, Brigit, S. 96.
34 Wolf, Christa: *Warum Medea?* In: Hochgeschurz, Marianne, S. 81.

das der Roman als Ganzes auf einer übergeordneten Ebene integriert ist".[35]

Der Leser wird aber durch die Konstruktion des Romans, besonders der, dass zwischen den Monologen immer neue Ereignisse liegen, die dann in den Ausführungen der nachfolgenden „Stimmen" jeweils subjektiv-fragmentarisch erschlossen werden, und der Verbindung mit den einzelnen Mottos zusätzlich intellektuell in ein „Geflecht" hineingezogen, an dessen Ende ein aus einzelnen Mosaikstückchen zusammengesetztes Bild entsteht, das ihn in „Erstarren" versetzt (vgl. die Aussage Leukons, der diese Erfahrung folgendermaßen beschreibt: „als sich mir aus bizarren Einzelteilen endlich ein Bild zusammensetzte, vor dem ich erstarrte", S. 165). So entsteht für den Leser

> „eine zusätzliche Spannung dadurch, daß es nicht nur inhaltlich um die Aufklärung einer Geschichte im Roman, um die Suche nach Mördern und Motiven, geht, sondern durch die Konstruktion des Romans die Lektüre selbst zur Suche nach einer Geschichte wird, an der sich der Leser aktiv beteiligen muss. […] Die Offenheit dieses Prozesses und damit die von Wolf angestrebte Teilhabe des Lesers an der Entstehung der Fiktion wird dadurch gewährleistet, dass die Konstruktion des Textes deutlich erkennbar bleibt: An keiner Stelle dieser Medea-Geschichte verliert man den Eindruck, dass sie ein literarisches Konstrukt ist, ein böses Spiel."[36]

Christa Wolfs *Medea. Stimmen* besteht formal gesehen aus einer Abfolge von verschiedenen inneren Monologen („Stimmen"). Da-

Abfolge von verschiedenen inneren Monologen

35 Roser, Birgit, S. 99.
36 Ebd., S. 99.

mit ergibt sich jedoch eine gewisse Schwierigkeit der Zuordnung des Werks zu einer bestimmten literarischen Gattung. Wie Michael Niehaus ausgeführt hat, „unterläuft" der innere Monolog nämlich die „klassische Unterscheidung der Gattungen Epik, Dramatik und Poesie".[37]

Der Titel bezeichnet *Medea. Stimmen* zwar eindeutig als „Roman" und das Werk besitzt mit seinen zeitlich aufeinander folgenden Monologen formal gesehen auch eine gewisse Nähe zum Briefroman mit mehreren Personen[38], aber das unmittelbare Aufeinanderfolgen der Monologe sowie das vorangestellte „Personenverzeichnis" erinnern doch mehr an einen dramatischen Text.[39]

Eine Bemerkung in ihren Tagebüchern zur Entstehung von *Medea. Stimmen*[40] lässt zudem die Vermutung zu, dass für Christa Wolf die Zuordnung des Medeastoffs zu einer bestimmten literarischen Gattung, zumindest zu Beginn der Arbeit, noch offen war.

Birgit Roser weist zudem darauf hin, dass – wenn auch nicht in den Erzählfluss der „Stimmen" integriert – „mit den Mottos auch nicht-fiktionale Texte unverändert in den literarischen Text übernommen [wurden], (...) [wodurch] ein weiterer Schritt zur Aufhebung der Gattungsgrenzen gemacht"[41] wurde.

Marie-Luise Ehrhardt vermutet sogar, dass Christa Wolf die monologische Form für ihr Werk gewählt hat, um, angelehnt an den Monolog in antiken Dramen, die verschiedenen Aspekte des (antiken) monologischen Sprechens in ihrem „Roman" wieder aufleben zu lassen.[42]

---

37 Niehaus, Michael: *„Ich, die Literatur, ich spreche ..." Der Monolog in der Literatur im 20. Jahrhundert*. S. 137.
38 Fuhrmann, in: FAZ, 02. 03. 1996.
39 Vgl. auch Roser, Birigt, S. 98.
40 Tagebucheintrag Christa Wolfs vom 7. 11. 1992. In: Hochgeschurz, Marianne, S. 39.
41 Roser, Birgit, S. 98.
42 Vgl. Ehrhardt, Marie-Luise, S. 36 ff.

„In Anbetracht dieser Zusammenhänge kann konstatiert werden, dass Wolf mit dem Monolog und seinen verschiedenen Spielarten ein zentrales Element des Dramas für die epische Gestaltung ihrer *Medea* übernommen hat.“[43]

Chronologie und Örtlichkeiten

Zeitraum

Die von den Stimmen erzählten und reflektierten Geschehnisse (und damit die Romanhandlung) erstrecken sich über eine Zeitraum von mehreren Jahren:

In der ersten Stimme lebt Medea bereits in einer Lehmhütte, da sie aus dem Palast Kreons verwiesen wurde (vgl. S. 14). Am Ende des Romans (11. Stimme) erfährt Medea, dass ihre Zwillinge, die sie vor ihrer Verbannung dem Schutz des Tempels anvertraut hatte, schon vor mehreren Jahren von den Korinthern getötet worden sind (vgl. S. 223).

Handlungsorte

Handlungsorte sind die Stadt Korinth und hier die Lehmhütte Medeas, (1., 4. Stimme) der königliche Palast (2., 5., 6. Stimme), das Haus der Agameda (3. Stimme), der Turm des Leukon (7., 10. Stimme) sowie das Gefängnis Medeas und der Gerichtssaal (8., 9. Stimme) und am Ende des Romans (11. Stimme) Medeas Verbannungsort in der Wildnis außerhalb Korinths.

---

43 Ebd., S. 38.

3.4 Personenkonstellation und Charakteristiken

Nur Medea, Jason, Glauke, Agameda, Akamas und Leukon kommen in Monologen zu Wort, die anderen Figuren werden durch sie indirekt charakterisiert.

Medea
→ selbstbewusst, heilkundig, ehrlich

Jason
→ charakterschwach, beeinflussbar

Glauke
→ schwach, traumatisiert

Agameda
→ missgünstig, rachsüchtig

Akamas
→ skrupellos, Machtpolitiker

Leukon
→ passiv, Einzelgänger

Lyssa
→ verschlossen, realistisch

Presbon
→ selbstverliebt, beschränkt

Kreon
→ unsicher, intellektuell beschränkt

Neben Medea kommen in Christa Wolfs Roman noch fünf weitere Personen zu Wort. Hierbei sind Jason und Glauke ebenfalls Figuren aus dem antiken Medea-Mythos, während Agameda, Akamas und Leukon Erfindungen Christa Wolfs sind.

König Kreon, der in anderen Werken der Mythen- und Dramentradition als wichtige „Gegenfigur“ zu Medea auftritt, kommt im Roman nicht als „Stimme“ vor. Statt seiner hat Christa Wolf den Sternendeuter Akamas eingeführt. Anstelle der (antiken) Amme tritt bei Christa Wolf die „Ziehschwester“ Medeas, Lyssa. Aber auch sie erscheint nur in den Reden der anderen Personen.

Betrachtet man das Verhältnis dieser Personen zueinander, so ergibt sich folgendes Bild[44]:

Auf der einen Seite stehen Medea und Lyssa, auf der anderen die Korinther und die „Leute des Hofes“. Dabei sind Jason, Glauke und Leukon keine *direkten* Gegenspieler Medeas, sondern stehen eher auf ihrer Seite oder sympathisieren zumindest in ihrem „Innersten“ mit ihr.

Agameda und Presbon sind zwar Kolcher, gehören aber zu den Feinden Medeas, die die „Verleumdungslawine“ gegen sie aus persönlichem Hass in Gang gesetzt haben. Agameda tritt mit eigener „Stimme“ auf, Presbon nur in den „Stimmen“ der anderen.

Akamas und Kreon sind hingegen Korinther. Sie sind aber nicht aus Hass Medeas Feinde geworden, sondern eher aus Selbstschutz und „Staatsraison“. Zu dieser Gruppe zählt auch noch Akamas’ Assistent Turon.

Grafisch könnte man diese „Beziehungen“ folgendermaßen darstellen[45]:

---

44 Vgl. hierzu auch ebd., S. 40 ff.
45 Vgl. ebd., S. 46.

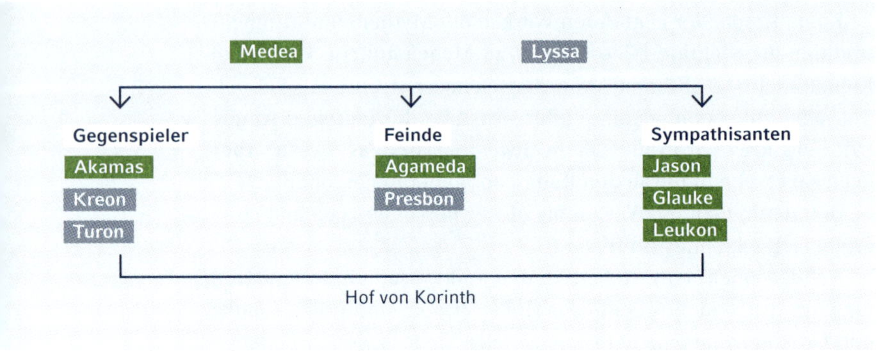

Medea

Medea, die Tochter des Königs von Kolchis (s. Schaubild S. 96), ist die Hauptperson des Romans. Sie hat eine enge Beziehung zu ihrer Mutter, der Schwester der Priesterin und Zauberin Kirke. Von ihrer Mutter bekam Medea beigebracht, aus und mit den Händen zu lesen (vgl. S. 13 f.). Und sie ist auch die Einzige ihrer Familie, die von Medeas heimlichem Verlassen von Kolchis weiß (vgl. S. 35).

Medea ist heil- und zauberkundig

Medea ist heil- und zauberkundig und war schon als junges Mädchen Priesterin der Hekate (vgl. S. 92). In deren Tempel treffen sich die mit König Aietes Unzufriedenen. Besonders sind es die jungen Leute, die gegen die unnütze Prachtentfaltung am Hof und die dadurch begründeten sozialen Missstände im Lande sind.

Medea ist eine Anhängerin der matriarchalischen alten Verhältnisse in Kolchis, denn sie ahnt den schleichenden Untergang Kolchis' (vgl. S. 92). Allerdings lässt sie sich, wie die anderen „Systemkritiker", von ihrem Vater „überrumpeln" (S. 92). Sie kann nicht verhindern, dass König Aietes seinen Sohn Absyrtos seiner Machterhaltung opfert. Medea fühlt sich schuldig, weil sie sich nicht gegen die Gewalt des Vaters aufgelehnt hat, und sie glaubt, dass ihre Mutter, obwohl sie nichts sagt, ihr das zum Vorwurf macht (vgl. S. 14).

Um diesem Kolchis zu entkommen, hilft Medea Jason, das Goldene Vlies zu erlangen, unter der Bedingung, sie dann aus Kolchis mitzunehmen. Dass ihr dieses Verhalten von den in der Heimat gebliebenen Kolchern (verstärkt durch die Propaganda des Königs) als Verrat ausgelegt wird, belastet sie noch immer (vgl. S. 26).

Schon die junge Medea ist frei und gleichberechtigt, wie es Sitte bei den Kolchern war (vgl. S. 55). Sie ist selbstbewusst und selbstsicher. Dadurch ist sie in der Lage, die Dinge „nüchtern" (S. 49) zu sehen und die Männer, die ein solches Verhalten bei Frauen nicht gewohnt sind, zu verwirren und zu verunsichern (vgl. S. 49 f.). So ist es für sie auch ein völlig ungewohntes Gefühl, unter dem Schutz eines Mannes zu stehen (vgl. S. 100).

Sie flieht *mit* Jason aus Kolchis, nicht *wegen* ihm. Erst später verliebt sie sich in ihn. Dabei spielen sein Einfühlungsvermögen (vgl. S. 27) sowie ihre Verbundenheit im Heilen (vgl. S. 104) eine Rolle, aber auch Jasons gutes Aussehen (vgl. S. 104).

Sie flieht *mit*, nicht *wegen* Jason aus Kolchis

Nachdem Medea bei Kirke erfahren hat, dass die Männer die Frauen nur bzw. vor allem brauchen, um die Schuld von sich nehmen zu lassen, will sie bei Kirke und ihren Frauen bleiben. Erst als Kirke ablehnt und ihr rät, diese Erfahrungen erst selbst zu machen, bleibt sie bei Jason (vgl. S. 102 f.).

Medea heiratet Jason schließlich, um nicht aus Korkyra ausgewiesen zu werden (vgl. S. 104), in der Grotte der alten Göttin Makris. Sie legt ihren Rang ab und gibt sich ohne Rückhalt Jason hin. Dadurch bindet sie ihn an sich (vgl. S. 105). Medea bekommt zwei Söhne (Zwillinge) und lebt bis zu ihrer Ausweisung aus dem Palast König Kreons mit Jason zusammen. Auch nach der Trennung, als Jason im Palast bleibt und sich der Kronprinzessin Glauke zuwen-

Medea heiratet Jason und bekommt zwei Söhne

det, schläft Medea aus alter Verbundenheit noch mit ihm. Sie ist nach wie vor die Einzige, die ihn befriedigen kann (vgl. S. 28) und auch Jason weiß ihrem Körper „zu antworten (...) wie kein Mann sonst" (S. 27).

Medea liebt zwar Jason nicht mehr, es tut ihr jedoch „immer noch weh", als sie merkt, dass er sich nicht mehr an Intimitäten erinnern kann (vgl. S. 25). Medea ist jedoch nicht eifersüchtig auf Glauke, und es macht ihr auch nichts mehr aus, dass Jason sie (Medea) „mit seinen anderen Frauen verwechselt" (S. 25), denn sie hat selbst einen Geliebten, den Bildhauer Oistros. Bei ihm, der auch als Außenseiter in Korinth lebt, fühlt Medea sich verstanden und geborgen und für Oistros bedeutet Medea die „neue Lust am Leben" (S. 154).

Medea nimmt aufgrund ihres besonderen Talents eine Sonderstellung ein

Sowohl in Kolchis als auch in Korinth nimmt Medea aufgrund ihres besonderen Talents eine Sonderstellung ein. In beiden Städten hat sie einen „direkten Draht zur Macht"[46]. Sei es in Kolchis als Tochter des Königs, die die Machenschaften ihres Vaters „aus still missbilligender innerer Distanz beobachtet"[47] oder in Korinth als prominente Asylantin (vgl. S. 110 f. u. a.), die das Staatsgeheimnis Korinths kennt und einen „privilegierten Gesprächskontakt"[48] zu Akamas, dem ersten Berater und Hofastronom König Kreons, pflegt.

Medea verhält sich im Gastland nicht zurückhaltend, sondern sie fällt auf. Sie sieht mit ihrer dunklen Hautfarbe und ihrem braunen „Wollhaar" (S. 17) nicht nur anders aus als die hellhäutigen Korinther, sie benimmt sich auch selbstbewusst und stolz (vgl. S. 20 u. a.) und versteht es dadurch, „Aufmerksamkeit zu erregen und Respekt einzufordern" (S. 17).

---

46 Löffler, Sigrid: *Medea des Ostens*. In: „Falter" Nr. 9, 1996.
47 Ebd.
48 Ebd.

Als Heilerin ist Medea jederzeit bereit, selbstlos zu helfen, auch in Korinth. Viele Korinther halten so viel von ihr, dass sie lieber Medea konsultieren als einen korinthischen Arzt aus der Schule des Akamas (vgl. S. 64). Medea stellt ihr Licht nicht unter den Scheffel und geht selbstbewusst mit dem Zeichen der Heilerin bekleidet durch Korinth. Sie scheut sich auch nicht, die einheimischen Ärzte zu kritisieren (vgl. S. 64). Obwohl sie kaum Dank für ihre Hilfe erhält, hilft sie weiter. Als sie Jason von seiner momentanen Impotenz befreit, ahnt sie, dass das für sie Folgen haben wird. Denn sie weiß, dass „die Frau dafür zahlen [muss], wenn sie in Korinth einen Mann schwach sieht“ (vgl. S. 28). Auch, als sie Turon nach dessen Entmannung das Leben rettet, führt das nur dazu, dass der sie anklagt, Anführerin der Frauen, die ihn verstümmelt haben, gewesen zu sein. Medea „setzt (...) auf die Stärken der Menschen“ (S. 79). Und so versucht sie auch, Glauke durch die Verarbeitung ihrer Vergangenheit und den Aufbau ihres Selbstvertrauens zu heilen.

Obwohl sie kaum Dank für ihre Hilfe erhält, hilft sie weiter

Im Gegensatz zu den Korinthern, die Meister im Lügen und Selbstbetrug sind, kann Medea dies nicht (vgl. S. 103). Und so leugnet sie auch nicht, dass sie das Geheimnis Korinths – dass Korinth wie Kolchis auf ein Menschenopfer gegründet ist – erfahren hat. Sie zieht aber keine Konsequenzen daraus, fragt sich allerdings jetzt, warum sie überhaupt aus Kolchis geflohen ist (vgl. S. 98).

Medea schätzt die Korinther falsch ein. Sie glaubt an die Menschen und erkennt nicht, dass sie durch ihre selbstlose Hilfe die Menschen gegen sich aufbringt. Dass sie ohne Eigeninteresse heilt, wird besonders beargwöhnt, „die Geheilten verzeihen Medea nicht, daß sie ihr dankbar sein müssen. Und schon gar nicht verzeihen sie ihr das Unrecht, daß sie ihr selbst antun“[49] (S. 6). Als

49 Ebd.

Medea die Stadt vor einer Hungersnot rettet, indem sie den Korinthern beibringt, essbare Kräuter zu verzehren und Pferdefleisch zu essen, behaupten die Korinther, Medea habe sie durch Zauberei gerettet. Seitdem gilt sie als „böse Frau, denn (...) die Leute wollen sich lieber für verhext halten, als sich selbst zu glauben, daß sie Unkraut fraßen und die Eingeweide unberührbarer Tiere verschlangen, aus gewöhnlichem Hunger." (S. 47).

Die Korinther ertragen Medeas stolzes Selbstbewusstsein nicht. Es wirkt auf sie herausfordernd (vgl. S. 47) und so beschweren sich die Frauen der Korinther, dass Medea als Fremde, als Flüchtling, in ihrer eigenen Stadt selbstbewusster gehen darf als sie selbst (vgl. S. 45). „[F]ür die ist eine Frau wild, wenn sie auf ihrem Kopf besteht" (S. 18), erkennt Medea. Aber sie will die für sie daraus allmählich erwachsende Gefahr nicht sehen. Alle Warnungen, sei es von Jason, Leukon oder Lyssa, schlägt sie in den Wind. Selbst als der Pöbel sie durch die Stadt jagt, gewinnt sie dem etwas Positives ab: So habe sie Oistros kennengelernt (vgl. S. 160 f.). Dass all ihre Handlungen zudem als Kritik am Palast verstanden werden, beschleunigt noch zusätzlich Medeas Untergang.

Medea forciert ihren Untergang

Medea forciert ihren Untergang schließlich dadurch, dass sie die Einladung zum Fest der Artemis annimmt. Sie versteht ihr Kommen als Versöhnungsangebot. Aber anstatt zur Versöhnung kommt es zur Katastrophe. Angewidert durch das Abschlachten der Stiere und das Opfern ihrer Hoden (wenngleich sie als Hekate-Priesterin ähnliche Zeremonien geleitet hatte, vgl. S. 61 f.) und besonders durch das Menschenopfer an den Asylanten, das sie nicht ganz verhindern konnte, flieht Medea und trifft auf die Kolcherinnen, die das Demeterfest feiern. Hier muss Medea allerdings erleben, dass auch die Kolcherinnen in ihrem religiösen Wahn zu Verbrechen fähig sind.

Christa Wolfs Medea hat also gar nichts mehr von der „wilden Furie“ der frühen Medea-Interpretationen an sich. Zur „Furie“, „wie die Korinther sie brauchten“ (S. 214) wird sie nach Leukons Aussage lediglich, als sie den Hera-Tempel „stürmt“, um ihre Kinder unter den Schutz der Göttin zu stellen (vgl. S. 214).

> „Als Geheimnisträgerin und Teilhaberin geheimen Herrschaftswissen, als Priesterin und Heilerin ist Medea ihrer Umwelt überlegen und daher unheimlich – und das muss sie der jeweiligen Machtwelt büßen.“[50]

Selbst Leukon, der zu ihren Freunden zählt, wirft ihr vor, die Korinther überfordert und daher zu ihrem Handeln indirekt veranlasst zu haben (vgl. S. 109).

Schließlich wird Medea aus der Stadt getrieben, wie die Austreibung eines „Sündenbock[s]“ (S. 212) wird das von Leukon empfunden. Aber auch hier bewundert Leukon Medea noch: Sie ist frei „von innerem Zwiespalt (…) [s]o daß sie sich aus dem Schmutz, in den man sie gestoßen hatte, aufrichten“ (S. 212) und Korinth den Untergang prophezeien kann.

Medea wird zwar als „hochmütig“ (S. 63), als „wild“ (S. 57) und „böse“ (S. 54) bezeichnet, aber diese Bezeichnungen sind nur Verleumdungen. Medea ist bei Christa Wolf eher „die guten Rat Wissende“ (S. 58) (was ihr Name ja überhaupt auch bedeutet), die Helfende.

Erst als sie nach langer Verbannung erfährt, dass die Korinther ihre Söhne schon vor Jahren gesteinigt haben, spricht Medea einen vernichtenden Fluch aus. Aber auch hier differenziert sie noch: Nicht primär Korinth soll der Fluch treffen, sondern vor al-

---

50 Ebd.

lem ihre direkten Feinde Akamas, Kreon, Agameda und Presbon (vgl. S. 224).

Medea fühlt sich in ihrem Unglauben an die Macht der Götter, da sie den Glauben schon nach der Ermordung ihres Bruders Absyrtos verloren hatte (vgl. S. 97), bestätigt. Ihre letzten Worte mit der Frage nach der Welt, in die sie gehört, und dem Bedauern, dass niemand da sei, den sie fragen könne, kann einerseits als Ausdruck der Resignation verstanden werden, andererseits aber auch als offener Schluss mit dem hoffnungsvollen Ausblick, dass es irgendwann und irgendwo eine Welt geben wird, in der man frei, selbstbewusst und unangefeindet leben kann.

Ausdruck der Resignation oder offener Schluss?

So hat Christa Wolf mit ihrer Version der Medea-Figur

> „kein[en] neue[n] Mythos der fremden ‚wilden Frau' geschaffen. Vielmehr handelt es sich bei Medea um den Entwurf einer von Grund auf aufgeklärten, modernen Frau, der es allerdings gelingt, positiv bewertete, nicht rationale Elemente in ihre Persönlichkeit zu integrieren. Sie trägt auch insofern mythische Züge, als sie von Anfang an als fertiges (Vor-)Bild gesetzt wird und keine Reflexion über die Möglichkeit und Wege, eine solche Position zu erreichen, stattfindet." [51]

Lyssa

Jugendgefährtin Medeas

Sie gehört zu den Nebenfiguren des Romans. Sie ist die Jugendgefährtin Medeas, von der sie noch nie getrennt war. Sie ist die Amme von Medeas Zwillingen und ihre engste Vertraute, der jeder Wesenszug Medeas bekannt ist (vgl. S. 31).

Lyssa wirkt auf Außenstehende, etwa Presbon, sanft und harmlos (vgl. S. 72), aber hinter ihrem unscheinbaren Äußeren verbirgt

---

51 Roser, Birgit, S. 126.

sich eine aktive, energische Frau. Um Medea zu schützen, kann Lyssa sehr unsanft werden, wie Agameda erfahren muss (vgl. S. 73).

Eine aktive, energische Frau

Es ist auch Lyssa, die die kleine Truppe der Kolcher heimlich zusammengestellt hatte, die Medea und sie auf der Flucht aus Kolchis begleiteten. Dabei wusste sie durch lange genaue Beobachtung nur solche Kolcher auszuwählen, die absolut verlässlich waren (vgl. S. 31). Lyssa pflegt auch in der Fremde die alten kolchischen Sitten. So hält sie sich z. B. das kolchische Haustier, die Schlange (vgl. S. 52), und bleibt den Kolchern eng verbunden (vgl. S. 71 f.).

Lyssa gibt selten ihre Gefühle preis, und erst als Medea in den Erinnerungen „kramt", wird ihr klar, dass Lyssa, um sie zu begleiten, ihren Verlobten, von dem sie schwanger war, der sie „liebte und dem sie zugetan war" (S. 30), in Kolchis zurückließ.

Lyssa ist realistischer als Medea. So erkennt sie die Gefahr für Medea schon sehr früh (vgl. S. 91). Auch warnt sie Medea, nicht zum Fest der Artemis zu gehen und sich nicht weiter von den Kolchern zu entfernen. Die Korinther würden es ihr nicht danken (vgl. S. 179). Sie behält mit ihren Befürchtungen Recht. Lyssa versucht auch, Medea zur Flucht zu veranlassen, als sie erkennt, dass Medea in der Falle sitzt (vgl. S. 187). Aber Medea lehnt diesen Vorschlag ab. Schließlich folgt Lyssa ihr in die Verbannung.

Jason

Er ist der Anführer der Argonauten und Königssohn (s. Schaubild S. 96) und versteht, obwohl er seit über zehn Jahren mit Medea zusammenlebt bzw. verheiratet ist, Medea immer noch nicht.

Anführer der Argonauten

Bei ihrer ersten Begegnung in Kolchis empfindet er Medea zwar als sehr begehrenswert, aber doch als fremd und ihm überlegen (vgl. S. 45). Allerdings ist er von Anfang an von ihr „verzaubert" (S. 45) und das bleibt er auch in gewisser Weise bis zum Ende.

Auch das Goldene Vlies hätte Jason ohne Medeas intensive Hilfe nie erringen können. So wirkten er und seine Argonauten auf Medea in Kolchis eher „täppisch" (S. 33) als heldenhaft. Erst die Legende machte ihn zum Helden (vgl. S. 54 u. a.). Allerdings beweist Jason nach der Flucht aus Kolchis auf seinem Schiff, dass er durchaus Mut und Tapferkeit besitzt. Er nimmt Medea sogar vor den Argonauten in Schutz (vgl. S. 99 f.).

Jason sieht gut aus und wirkt auf Frauen (vgl. S. 134 u. a.). Er schätzt Medea als Frau, und auch nachdem er sie verlassen hat, kommt er noch zu ihr, um sich bei ihr Rat zu holen und um mit ihr zu schlafen. Jedoch ist es keine Liebe mehr, sondern eher sexuelle Faszination (vgl. S. 24 ff. u. a.). So kann sich Jason auch nicht mehr an sie verbindende Erlebnisse erinnern und verwechselt Medea mit seinen anderen Frauen (vgl. S. 25).

Obwohl Jason sich gern als „Frauentyp" sieht, hat er wenig Ahnung von den Gefühlen und dem Denken der Frauen. Er versteht weder Medea noch Glauke. Agameda findet er in ihrer „geschickten Boshaftigkeit" zwar in gewisser Weise faszinierend, aber er ist ihr nicht gewachsen (vgl. S. 205).

Einfluss von König Kreon und Akamas

In Korinth gerät Jason immer mehr unter den Einfluss von König Kreon und Akamas. Sie stärken sein Gefühl, sich der „Barbarin" Medea überlegen zu fühlen (vgl. S. 56 f.). Jason ist in Korinth zum wehrlosen, passiven Mann geworden. Er ist nicht in der Lage, eindeutig für Medea Partei zu ergreifen und sie gegen den Vorwurf, ihren Bruder ermordet zu haben, zu verteidigen (vgl. S. 42 u. a.). Aus dem Helden der Argonautenfahrt ist ein Schwächling geworden, der Akamas und den Hofinteressen in keiner Weise gewachsen ist (vgl. S. 216). Auch bei den Intrigen und Geschehnissen am Hof von Korinth hat er längst den Durchblick verloren (vgl. S. 41 u. a.).

Einer möglichen Karriere als Thronfolger an der Seite der kranken und farblosen Prinzessin Glauke zuliebe verlässt er Medea und seine Kinder. Er folgt ihr nicht, als sie aus dem Palast Kreons ausgewiesen wird. Er bleibt am Hof. Jason wird damit zwar nicht zum Feind Medeas, wechselt aber als passives Mitglied zur Clique ihrer Gegner. Im Königspalast bei der Machtelite Korinths glaubt der Königssohn Jason, seinen adäquaten sozialen Platz gefunden zu haben.[52] Als Held lebt er nur noch in den Erzählungen, die mit der Realität nichts mehr gemein haben. Der Mensch Jason interessiert die Korinther kaum und für den Hof ist er nur eine „Marionette" im Macht- und Intrigenspiel.

Jason hat Medea gegenüber ein schlechtes Gewissen

Jason selbst hat zwar Medea gegenüber ein schlechtes Gewissen, ist aber nicht in der Lage, sein Versagen ihr und sich gegenüber einzugestehen. Vielmehr erhofft er sich von Medea, dass sie ihm ein reines Gewissen verschafft, indem sie alle Schuld auf sich nimmt (vgl. S. 203). Somit entspricht er ganz dem (negativen) Bild der Männer, das Kirke gezeichnet und das sie Medea bezüglich Jason vorausgesagt hat (vgl. S. 103).

Thronerbin von Korinth

Seine Unfähigkeit zu handeln spricht Jason schon im ersten Satz seines zweiten Monologs aus: „Nichts von allem, was geschehen ist, habe ich gewollt" (S. 201). Er ist nur zu schnell bereit, alle Schuld auf Medea zu wälzen und keine Verantwortung zu übernehmen. Als er erfährt, dass Medea einen Geliebten hat, fühlt er sich als ihr (Noch-)Ehemann lächerlich gemacht. Dass Medeas Handeln u. a. nur die Reaktion einer verlassenen, einsamen Frau ist, spielt für ihn keine Rolle. Auch, dass er der offizielle Verlobte Glaukes ist (obwohl er noch mit Medea verheiratet ist), er also vor aller Augen seine Ehepartnerin betrügt, will Jason nicht sehen.

---

52 Vgl. hierzu auch Ehrhardt, Marie-Luise, S. 46.

Gegen Ende des Romans hat sich Jason schon fast vollständig das egoistische, verantwortungslose Denken des Hofes zu eigen gemacht. Als Medea ihm das bei ihrem letzten Treffen vor ihrem Gang in die Verbannung vorwirft, lässt Jason alle Skrupel fallen und vergewaltigt Medea, in einem „Wahnbild" aus Frust, Enttäuschung, Männlichkeitswahn und gekränkter Eitelkeit gefangen. Aus dem strahlenden Helden der Argonautensage ist ein erbärmlicher „Wicht" geworden. Dass Jason nach dem Tod Glaukes in Korinth nichts mehr zu bestellen hat (vgl. S. 223) und unter seinem vermodernden Schiff dahinvegetiert, ist nur die logische Weiterentwicklung.

Glauke

Die Königstochter und Thronerbin von Korinth (s. Schaubild, S. 96), ist neben Medea das eigentliche weibliche Opfer der patriarchalischen Herrschaftsstrukturen am Hofe von Korinth. Sie hat das traumatische Kindheitserlebnis, die brutale Gefangennahme ihrer Schwester Iphinoe durch bewaffnete Soldaten miterlebt zu haben, durch „einen psychologischen Mechanismus der Selbstbestrafung"[53] verdrängt.

Der erste Satz ihres Monologs: „Es ist alles meine Schuld" (S. 129) zeigt bereits Glaukes verwirrte, unreflektierte Schuld- und Angstvorstellung. Sie gilt am Hof als „töricht" und „blöde" (S. 142) und wird dadurch von keinem für voll genommen. So lebt sie menschlich isoliert und vereinsamt. Wie sehr sie sich nach menschlicher Nähe sehnt, sieht man daran, dass, als ihr Vater, König Kreon, sie im Zorn anfasst, sie dies bereits als beglückende menschliche Nähe empfindet (vgl. S. 130 f.). Auch hat Glauke (außer Medea und Arinna) nie eine Freundin gehabt.

---

53 Chiarloni, Anna: *Medea und ihre Interpreten. Zum letzten Roman von Christa Wolf.* In: Hochgeschurz, Marianne, S. 180.

Mit der Ankunft der Argonauten und Kolcher dringt für Glauke etwas Neues in ihr Leben, das ihr die Chance auf Veränderung gibt (vgl. S. 133). So gelingt es ihr mit Medeas Hilfe, sich schrittweise aus der ihre Krankheit auslösende Selbstisolierung herauszuarbeiten, indem sie ein neues Selbstbewusstsein erlernt. Aber die Selbstbefreiung ist ohne die auch schmerzhafte Verarbeitung der Vergangenheit nicht möglich. Auch diese Erfahrung muss Glauke machen.

Glauke tauscht auf Medeas Veranlassung hin ihre schwarzen Kleider gegen ein kolchisches Kleid in leuchtender, freundlicher Farbe und macht eine totale Veränderung durch. Ihre epileptischen Anfälle treten nicht mehr auf und sie fühlt und benimmt sich in der Gesellschaft von Medea, Oistros und ihren Freunden wie jedes normale Mädchen ihres Alters (vgl. S. 145). Selbst auf Männer wirkt sie jetzt attraktiv (vgl. S. 144).

Einfluss Turons und Agamedas auf Glauke

Allerdings ist Glauke noch zu labil, und bevor sie eine andere, Selbstbewusste geworden ist, wird Medea des Hofes verwiesen. Glauke bekommt neue „Beschützer", Turon und Agameda. Beide „bearbeiten" sie so stark, dass sie die über Medea ersonnenen Lügen aufnimmt. Dabei spielt sicher auch ihre Zuneigung zu Jason eine wichtige Rolle. Denn Glauke weiß, dass sie so keine Ehefrau zu „fürchten" hat. Glauke wendet sich zwar aufgrund der Intrigen und Rufmordkampagnen von Medea ab, aber sie beteiligt sich nicht am Intrigenspiel. Glauke entlarvt sich zudem immer wieder selbst, wenn sie die „vorgegaukelten" Negativmeinungen über Medea „nachplappert", in ihrer Erinnerung diesen aber wieder widerspricht (vgl. S. 139 u. a.). In ihrem Innersten lebt Medea als Helferin weiter, das zeigt ihr letzter Ausruf (Hilferuf): „hilft mir denn keiner, fängt mich denn keiner auf, Medea." (S. 149)

Glauke entdeckt ihr Gewissen

Die schwache, beeinflussbare Glauke ist aber nur ein Teil ihrer Persönlichkeit. Im entscheidenden Augenblick entdeckt Glauke ihr

Gewissen. In der Gerichtsverhandlung setzt sie sich zur Verwunderung Jasons (der dazu nicht fähig ist) dafür ein, dass Medea ihre Kinder mit in die Verbannung nehmen kann (vgl. S. 206). Als ihr Anliegen ignoriert wird, sagt sie sich von der Hofgesellschaft und auch von Jason los (vgl. S. 217). „Ihr moralisches Ich schämt sich, auch für das, was sie nicht verhindern konnte.“[54] Sie wählt für sich die einzig mögliche Konsequenz:

> „Als Glauke sich mit dem von Medea geschenkten Hochzeitskleid in den Brunnen stürzt, demonstriert sie als Einzige, dass sie mit der gewissenlosen Menschenverachtung des korinthischen Systems, dessen Mittel Mord und Rufmord sind, nichts gemein haben möchte. Sie zieht als einzige die existenzielle Konsequenz.“[55]
> „Glaukes Monolog offenbart die Ortslosigkeit weiblicher Existenz, der die Kraft fehlt, zu sich selbst zu kommen. Glaukes Selbstmord ist die erste selbstständige Tat dieser ‚gewissenhaften‘ Frau; als sinnvoll kann dieser Tod gleichwohl nicht angesehen werden.“[56]

Leukon

Der „große, schlanke, etwas ungelenke“ (S. 17) Leukon ist der einzige „Freund“ (S. 16), den Medea am Hof von Korinth hat. Er ist der zweite Astronom König Kreons, somit ein Hofbeamter, der in der zweiten Riege, also nicht unmittelbar im „Dunstkreis“ König Kreons steht und stehen will (vgl. S. 125). Als Korinther kennt Leukon seine Landsleute und warnt Medea vor der Gefahr, die ihr

———

54 Ehrhardt, Marie-Luise, S. 43.
55 Ebd.
56 Ebd., S. 48.

droht. Aber Medea schlägt seine Warnungen in den Wind (vgl. S. 154).

Außenseiter in Korinth

Leukon ist wie Medea ein Außenseiter in Korinth. Außer zu Medea, Oistros und Arethusa, die alle Fremde in Korinth sind, pflegt er keine Kontakte. Die Zeiten seiner Beziehung zu verschiedenen Mädchen sind lange vorbei (vgl. S. 153). Auch zu seinen Schülern hält er Distanz, sodass er nach eigener Aussage mittlerweile „nur noch unter den Sternen Freunde hatte, nicht mehr unter den Menschen." (S. 162) Leukon liebt Arethusa, die Steinschneiderin, die aus dem untergegangenen Kreta entflohen ist. Neben ihm liebt Arethusa aber auch noch den Mann, der ihr half, aus Kreta zu entkommen. Leukon, der sie „mit aller Leidenschaft des Einzelgängers, der sich verstanden fühlt, liebt"[57], toleriert dieses Verhältnis, weil er erkannt hat, dass es ihm unmöglich ist, eine Wahl zu treffen zwischen „es hinzunehmen oder ganz von ihr abzulassen" (S. 160). Hier zeigt sich schon seine Unfähigkeit zu aktivem Handeln.

Skepsis gegenüber den politischen Ränke- und Machtspielen

Leukon steht, auch nachdem Medeas Position in Korinth gefährdet ist, weiterhin zu ihr. Er durchschaut Akamas und sein Intrigenspiel und stellt ihn sogar, nachdem der Pöbel Medea durch die Straßen getrieben hat, zur Rede. Aber seine Vorwürfe prallen an Akamas ab (vgl. S. 163). In seinen Gesprächen mit Medea zeigt Leukon Skepsis gegenüber den politischen Ränke- und Machtspielen und staunt über die politische Naivität Medeas (vgl. S. 157 u. a.). Im Gegensatz zu Akamas glaubt Leukon an die Richtigkeit der Sternkonstellation und fühlt sich der wissenschaftlichen Wahrheit verpflichtet.

Leukon ist mitschuldig, weil er nichts unternommen hat

Als seine Geliebte Arethusa an der Pest stirbt und auch Medea aus Korinth verbannt wird, resigniert er. Leukon erkennt, dass er sich am Schicksal Medeas mitschuldig gemacht hat, weil er nichts getan hat, um sie zu retten (vgl. S. 213). Besonders leidet er daran,

---

57 Püschel, Ursula, S. 140.

dass Arethusa ihn wohl verlassen hätte, wenn sie von seiner Handlungsunfähigkeit erfahren hätte. „Leukon handelt nicht falsch, er handelt gar nicht.“[58] Er hat auch nicht die Kraft, eindeutig Position zu beziehen. Seine von ihm selbst nicht geliebte Fähigkeit „zu schweigen und (…) [sich] wegzuducken“ (S. 157 f.), wie er seine Feigheit nennt, kann er nicht ablegen. Lediglich einmal gelingt es Leukon, von seinen Gefühlen zu Medea und seinem Zorn auf Akamas „gestärkt“, seine Lethargie zu überwinden und Akamas anzuklagen. Leukon ist „außer [sich], endlich“ (S. 164). Aber in seinem Zorn geht Leukon mit seiner Anklage zu weit, und Akamas gewinnt wieder die Oberhand (vgl. S. 163). So bekennt Leukon sich schließlich dazu, Korinther zu sein, auch um seine durch seine Feigheit entstandene/empfundene Schuld hinter dem Kollektiv der Schuldigen zu „verstecken“.

Feinde Medeas: Akamas, Agameda, König Kreon, Presbon, Turon

Aktiv und ohne Skrupel

Akamas, Agameda sowie König Kreon, Presbon und Turon sind die Feinde Medeas und sie werden von ihr am Ende auch verflucht. Es ist offensichtlich, dass sie im Gegensatz zu Medeas eher passiven Freunden/Sympathisanten sehr aktiv sind und keinerlei Skrupel haben, ihre amoralischen Ziele durchzusetzen:

Akamas

Der mächtigste Mann am Hof von Korinth

Akamas ist der erste Astronom König Kreons und der mächtigste Mann am Hof von Korinth. Er hat einen „großen hohlwangigen Kopf auf seinem merkwürdig schiefen Körper, an dem kein Gelenk zum andern passen will“ (S. 41) und bemüht sich stets angestrengt, „stattlich zu wirken“ (S. 41).

An Klugheit kann sich lediglich Medea mit ihm messen, und Akamas erkennt das auch. In langen Gesprächen deuten sie sich

58 Ehrhardt, Marie-Luise, S. 45.

gegenseitig die Mondphasen und Sternbilder. Gemeinsam hören sie die „Sphärenmusik" (vgl. S. 115). Akamas erklärt Medea die Machtstruktur Korinths und gesteht:

> „Ich konnte dem Kitzel nicht widerstehen, die Einsamkeit und Verschwiegenheit, zu der ich verurteilt bin, zu durchbrechen und diese Frau, die nicht von unserer Welt ist, zu einer Art Vertrauten zu machen; es erheiterte mich, daß sie das Geschenk, das ich ihr machte, gar nicht zu schätzen wußte, weil sie es für selbstverständlich hielt." (S. 113 f.)

Als Medea das Geheimnis um den Tod der Prinzessin Iphinoe herausfindet, werden sie und Akamas zu Feinden. Skrupellos setzt Akamas (unterstützt von Agameda und Presbon) nun das Gerücht in die Welt, Medea habe ihren Bruder ermordet. Geschickt nutzt er eine Mondfinsternis und den Ausbruch der Pest, um Medea weiter zu verunglimpfen. Als Prinzessin Glauke Selbstmord begeht, ist es ebenfalls Akamas, der das Gerücht verbreiten lässt, Medea habe Glauke mit einem vergifteten Gewand ermordet (vgl. S. 216).

Weder Medea noch Akamas glauben an das Walten der Götter. Aber während Medea ein Gewissen hat und danach handelt, agiert Akamas nur als kalter skrupelloser Machtpolitiker. Gefühlsmäßig verbunden fühlt er sich nur mit König Kreon als Quelle seiner eigenen Macht und mit Medea. Seine „Geliebte" Agameda ist für ihn nur als „Ränkeschmiedin" und Sexpartnerin interessant. Im Grunde genommen aber verabscheut er sie (vgl. S. 124).

Kalter skrupelloser Machtpolitiker

Für Akamas ist nicht das Gute nützlich, sondern das Nützliche gut, „[d]enn alles kommt ja darauf an, was man wirklich will" (S. 114). Akamas will Macht und daher sind, obwohl er sie eigentlich verachtet, Agameda und Presbon „nützlich" (vgl. S. 124). Und auch die Vernichtung Medeas ist nützlich, weil sie mit ihrem Wissen um das Verbrechen Korinths den ganzen Staat erschüttern und somit Akamas' Macht gefährlich werden kann (vgl. S. 123 u. a.). Die Wahrheit ist dabei irrelevant (vgl. S. 122 f.): „Er lebt versteckt in sorgfältig zusammengebastelten Gedankengebäuden, die er für die Wirklichkeit hält" (S. 79). Am Ende hat Akamas sein Ziel erreicht: „[E]r beherrscht jetzt das Feld" (S. 216).

Kreon

Akamas Verbündeter ist König Kreon. Gemeinsam verbindet sie das Geheimnis um die Ermordung Prinzessin Iphinoes, das zur Machterhaltung König Kreons geführt hatte. Kreon ist auf Akamas angewiesen, denn, er „ist kein heller Kopf [und] sieht sich schnell in die Enge getrieben" (S. 115), aus der ihn Akamas dann herausholen soll.

Roman Kaminski als Akamas und Ursula Höpfner-Tabori als Medea in Tanja Weidners Inszenierung von Wolfs *Medea* am Berliner Ensemble 2008
© ullstein bild – Lieberenz

Daher erstaunt es auch nicht, dass Kreon Medea als „zu schlau" und „zu vorlaut" empfindet und dass sie ihm vor allem „unheimlich" (S. 115) ist. Medea ist für Kreon nur eine schöne Wilde, die man sich als Geliebte halten kann, aber nicht mehr (vgl. S. 56 f.).

Während der Pest, die Kreon mit verursacht hat (vgl. S. 169), ist er schnell bereit, die Bevölkerung Korinths ihrem Schicksal zu überlassen und mitsamt seinem Hofstaat aus der Stadt zu fliehen (vgl. S. 169). Nach dem Selbstmord seiner Tochter Glauke ist er am Ende. Akamas leitet den Staat und die Spekulationen über Kreons Nachfolge haben bereits begonnen (vgl. S. 218).

Turon

Zur Gruppe der Gegner Medeas um Akamas gehört auch dessen Assistent Turon. Wie König Kreon und Presbon erscheint er im Roman nicht mit eigener Stimme, sondern nur in den Monologen der anderen Personen. Turon gehört zu den jungen Aufsteigern in Korinth. Um Karriere zu machen, setzt er sich kaltblütig über „alle Regeln, Gesetze und moralischen Gebote“ (S. 125) hinweg. Sogar Akamas widert Turons offen gezeigte Skrupellosigkeit an (vgl. S. 125). Von abstoßendem Äußeren (vgl. S. 129 u. a.), hat Turon keine Hemmungen, mit der unattraktiven Agameda ein Verhältnis zu unterhalten. Sie passen „glänzend“ (S. 85) zusammen, weil sie sich nichts vormachen – ein Zweckbündnis (vgl. S. 85)!

Skrupellosigkeit

Turons Versuch, den heiligen Hain der Kolcher zu schänden, führt zu seiner Kastration durch die ekstatischen Kolcherinnen. Aber auch seine Verstümmelung schlachtet Turon noch aus, indem er Medea, obwohl sie ihm das Leben gerettet hat, als Anführerin dieser Frauen beschuldigt.

Agameda

Medeas erbittertste Feindin ist Agameda. Sie ist neben Presbon die einzige Person des Romans, die Medea aus Hass vernichten will. Ihre Begründung, dass Medea sie als Schülerin und Tochter ihrer verstorbenen Freundin nicht genug gefördert und geliebt habe (vgl. S. 84 f.), ist nicht sehr überzeugend. Eher glaubt man Agameda ihre missgünstig neidvollen Äußerungen über Medeas Glück (vgl. S. 72). Trotzdem versucht Agameda, als sie erfährt, dass Medea krank ist, ihr zu helfen. Das tut sie allerdings nur, um so Medeas Dankbarkeit und Liebe zu erlangen und als die von ihr „vor allen anderen Bevorzugte“ (S. 70) in ihrer Nähe zu leben. Lyssa zerstört diesen „Traum“, indem sie Agameda vertreibt.

Medeas erbittertste Feindin

Agamedas „egozentrische Aggressivität“ klingt schon aus ihren ersten Sätzen: „*Ich* habe es geschafft. *Ich* habe sie blaß werden sehen.“ [Hervorhebung V. K.] (S. 69) Agameda will vor allem eins: „Ich will nicht niemand sein.“ (S. 74) Dazu ist ihr jedes Mittel recht. Sie sagt sich von den Kolchern los und schmeichelt sich bei den Korinthern als Heilerin ein.

Ihre Verhältnisse mit Männern haben nichts mit Glück oder Liebe zu tun. Ihre Verbindungen mit Turon, Presbon und Akamas sind reine Zweckbündnisse um weiterzukommen. Umgekehrt verhält es sich allerdings ähnlich. So bekennt Agameda: „Einen größeren Reiz als den, bei dem mächtigsten und klügsten Mann dieser Stadt zu liegen, könnte mir kein anderer verschaffen.“ (S. 81)

Skrupellos lustvoll versucht sie Akamas von der Notwendigkeit, Medea zu vernichten, zu überzeugen: „und keine andere Lust übertrifft die, die in mir aufschießt, wenn ich meine Gedanken und Absichten einem anderen Menschen eingegeben habe, so daß er sie als die seinen empfindet.“ (S. 76)

Selbst als Agameda ahnt, welchen „Brocken“ sie mit ihren Denunziationen auf Medea wälzt, steht sie kaltblütig zu ihrem Handeln, auch wenn dieser „Brocken“ sie selbst mit erschlagen würde. (vgl. S. 78) „Agameda ist somit die weibliche Gegengestalt zu Medea, nicht aus Liebe, sondern aus deren Gegenteil, dem Neid handelnd, nicht helfend, sondern vernichtend.“[59]

Presbon

Agameda zur Seite gegeben ist Presbon. Auch er stammt wie Agameda aus Kolchis. Auch er ist mit Medea aus der Heimat geflohen. Allerdings ist Medea sich nicht klar darüber, ob Presbon die Heimat auch wie alle anderen kolchischen Flüchtlinge aus politi-

---

59 Ebd., S. 41.

schen Gründen verlassen hat. Vielmehr vermutet sie, dass Presbon Kolchis verließ, um „sein überschießendes Talent, sich selbst darzustellen, anderswo anzubieten" (S. 32).

Presbon, der Sohn einer Magd und eines Offiziers der Palastwache, arbeitet sich in Korinth von der untersten Stufe zum allseits anerkannten Organisator großer Festveranstaltungen empor. Er hasst alle, die seine Erniedrigungen miterlebt haben, die ihn „in seiner Schande gesehen haben und über die Verrenkungen spotteten, die er sich abverlangte, um aufzusteigen." (S. 33) Besonders hasst er Medea, weil sie seinen „Wert" nicht zu schätzen weiß.

Obwohl keiner der Kolcher es in Korinth zu so hohen Ehren gebracht hat, ist Presbon nicht sehr intelligent. Er ist Agameda bei weitem unterlegen (vgl. S. 204). Desto größer ist seine Eitelkeit und seine Selbstverliebtheit. Agameda erkennt: „Seine Eitelkeit ist maßlos" (S. 85).

Eitel und selbstverliebt

Diese verletzte Eitelkeit und der dadurch erzeugte Hass veranlassen ihn, mit Agameda zu Akamas zu gehen und die Intrige gegen Medea zu inszenieren. Aber selbst vor Gericht, bei seiner (Hass-)Rede gegen Medea, entlarvt sich Presbon durch seine dumm-eitle Art (vgl. S. 203 f.).

Aber weder ihm noch Agameda nutzt das gehässige Intrigenspiel auf Dauer. Beide werden nach der Verbannung Medeas, als sie für Akamas ihren Zweck erfüllt haben, der Stadt verwiesen.

Medeas Familie

Aietes (König von Kolchis) —— Idya

Medea
Chalkiope
Absyrtos (ermordet)

Jasons Familie

Aison (König von Jolkos) —— Alkimede

Jason

Glaukes Familie

Kreon (König von Korinth) —— Merope

Glauke
Iphinoe (ermordet)

3.5 Sachliche und sprachliche Erläuterungen

S. 6	**Elisabeth Lenk**	geb. 1937, Literaturprofessorin an der Universität Hannover, Schülerin von Theodor W. Adorno, Assistentin von Peter Szondi, Arbeitsschwerpunkt: europäische Literatur
S. 11 u. a.	**Seneca, Lucius Annaeus der Jüngere (4 v. Chr.–65 n. Chr.)**	römischer Philosoph und Schriftsteller, zeitweise Erzieher Kaiser Neros, von ihm zum Selbstmord gezwungen, vertrat die philosophische Richtung der (jüngeren) Stoa, deren Hauptinteresse der praktischen Lebensführung (Ethik) galt, aber auch dem Ideal des mit sich selbst in Einklang lebenden Weisen und des sich um Tugend Mühenden, verfasste u. a. auch ein Drama über Medea
S. 39	**Platon (427 v. Chr.–347 v. Chr.)**	griechischer Philosoph, Schüler des Sokrates und Euklid, Platons Erkenntnislehre ist ein Rationalismus, der im Denken eine von der Erfahrung unabhängige Quelle von Erkenntnis sieht
S. 45 u. a.	**Hekate**	in der griechischen Mythologie (seit dem 5. Jh. v. Chr.) Göttin des Zauberwesens und der Wege, beim Volk sehr beliebt, fand aber keinen Zugang in den Staatskult
S. 55 u. a.	**Cheiron**	heilkundiger, menschenfreundlicher Kentaur (Fabelwesen mit Pferdeleib und menschlichem Oberkörper) der griechischen Mythologie, lebte in den Gebirgen Thessaliens, Erzieher u. a. von Achilles und Jason
S. 67 u. a.	**Euripides (ca. 484 v. Chr.–406 v. Chr.)**	neben Äschylos und Sophokles größter griechischer Tragödiendichter, stand unter dem Einfluss der sophistischen Aufklärung, verfasste u. a. das erste Drama über Medea

S. 107	**Cato, Marcus Porcius der Ältere (234 v. Chr.–149 v. Chr.)**	römischer Staatsmann, Schriftsteller und Redner, Verfechter der altrömischen Tugenden, lehnte den Einfluss der hellenistischen Kultur auf Rom ab
S. 127	**Ingeborg Bachmann (1926–1973)**	österreichische Lyrikerin und Erzählerin, promovierte über Martin Heidegger, gehörte zur „Gruppe 47", chiffrierte in klangstarken Versen die Daseinsnot des Menschen
S. 129 u. a.	**Helios**	Sonnengott der griechischen Mythologie, fährt im vierspännigen Sonnenwagen von Osten nach Westen über den Himmel, nachts kehrt er in einem goldenen Kahn über den Ozean nach Osten zurück, Vater der Kirke
S. 151	**René Girard**	geb. 1923, französischer Soziologe und Kulturwissenschaftler, der sich in verschiedenen Schriften mit den Zusammenhängen von Mythos und Geschichte, von Ritualen und Festen sowie von Religion und Gewalt auseinander setzte; der Rolle des Sündenbocks gilt wiederholt sein besonderes Interesse
S. 186 u. a.	**Artemis**	in der griechischen Mythologie Göttin der Jagd und des Tierreichs, die Griechen verehrten in ihr aber auch die Keuschheit der unberührten Natur (auch bei Mensch und Tier) sowie ihre Fruchtbarkeit, daher wurde sie oft mit vielen Brüsten dargestellt; nach neuerer Deutung sind es keine Brüste, sondern Stierhoden, die in den Stierbeuteln an das Kultbild geheftet wurden, als Opfer zur Erlangung der Fruchtbarkeit
S. 193	**Demeter**	die Erdgöttin der griechischen Mythologie, Bringerin der Fruchtbarkeit, Mutter der Unterweltsgottheit Persephone, nach anderer Deutung „mildere Version" der Artemis

S. 209	**Dietmar Kamper (1936–2001)**	Soziologe, Professor an der FU Berlin, besondere Schwerpunkte seiner Forschung und Publikationen waren die historische Anthropologie sowie die Soziologie der Imagination
S. 214	**Hera**	Göttin der griechischen Mythologie, Gemahlin des Göttervaters Zeus, Schutzgöttin von Ehe und Familie
S. 221	**Adriana Cavarero**	geb. 1947, Professorin für politische Philosophie an der Universität Verona und Gastprofessorin an der Universität New York, untersucht u. a. die weiblichen Gestalten in der antiken Philosophie

3.6 Stil und Sprache

ZUSAMMEN-FASSUNG

Christa Wolfs Roman *Medea* zeichnet sich aus durch
- → einen flüssigen Sprachstil
- → sprachliche Eleganz
- → eine differenzierte sprachliche und stilistische Personendarstellung.

Christa Wolfs Sprache ist in *Medea. Stimmen* einfacher als in *Kassandra*. Sie verzichtet hier auf die antikisierende Schreibweise von Orten und Namen sowie auf den Gebrauch des Jambus, den sie in *Kassandra* über weite Passagen des Textes benutzte.

Trotzdem „besticht" *Medea* durch „seine sprachliche Eleganz, seinen flüssigen Erzählstil sowie die in vielen Nebensätzen ausgewiesene Beobachtungsschärfe und Lebenserfahrung der Autorin."[60]

Begrenzte Variationsbreite

Allerdings zeigt Christa Wolf in ihrem Roman nur eine sehr begrenzte Variationsbreite, und große Formulierungskunst findet man kaum. Besonders deutlich zeigt sich das darin, dass die „Stimmen" zwar zu Personen aus verschiedenen Gesellschaftsschichten (Hochadel: Medea, Glauke, Jason; Höflinge: Akamas, Leukon; „Aufsteiger": Agameda) und von unterschiedlicher Herkunft (Kolcher: Medea, Agameda; Korinther: Glauke, Akamas, Leukon; Jolker: Jason) gehören, aber weder durch verschiedene Dialekte noch durch sonstige vergleichbare sprachliche Unterschiede differenziert werden. Der häufige Gebrauch der indirekten Rede

---

60 Simanowski, Roberto: *Wem gefallen gefallende Mythen? Christa Wolfs „Medea – eine Stimme.* Im Internet: http://www.tabularasa-jena.de/artikel/artikel_60/ (Stand Mai 2011).

in den verschiedenen „Stimmen“ erweckt vielmehr den Eindruck der Ähnlichkeit.

Bei genauerer Betrachtung entdeckt man jedoch, dass Christa Wolf durch unterschiedliche sprachliche und stilistische Mittel versucht, die Charaktere zu unterscheiden.

Im Folgenden sind die auffälligsten Merkmale kurz aufgelistet[61]:

SPRACHLICHE MITTEL / STIL	ERKLÄRUNG	TEXTBELEG
Lange, verschachtelte Sätze	Sollen Glaukes Gefangenheit in den eigenen Gedanken und Ängsten ausdrücken	Vgl. S. 129 ff.
Häufiger Gebrauch von Personalpronomen in der ersten Person Singular	Soll die Ichbezogenheit Agamedas betonen	Vgl. S. 68 ff.
Gemeinplätze	Deuten auf Unsicherheit des Sprechers (Jasons) hin	Vgl. u. a. S. 41 f., 207 f.
Niederes Sprachniveau	Widerlegt das (kulturelle) Überlegenheitsgefühl Jasons	Vgl. u. a. S. 41 ff.
Häufiger Gebrauch von Indefinitpronomen	Verallgemeinerung, soll Jasons eigener Meinung größere Allgemeingültigkeit und Autorität verleihen	Vgl. u. a. S. 43, 47, 49, 56, 203
Versuch, in Dialog mit (abwesenden) Personen zu treten	Versuch Medeas, sich auf andere zu beziehen, Gemeinschaft zu schaffen	Vgl. u. a. S. 13 ff., 91 ff.
Monologe	Sollen die zerbrochene Gemeinschaft zeigen, jede Kommunikation *mit*einander ist zum Scheitern verurteilt	Vgl. u. a. S. 41 ff., 69 ff., 109 ff., 129 ff., 153 ff.

61 Vgl. hierzu auch die Ausführungen bei Roser, Birgit, S. 97 f. und Raja, Anita: *Worte gegen die Übel der Welt. Überlegungen zur Sprache von Christa Wolf.* In: Hochgeschurz, Marianne, S. 189–198.

SPRACHLICHE MITTEL / STIL	ERKLÄRUNG	TEXTBELEG
Abgehackte Formel der Verfluchung	„Letzte, äußerste Kommunikationsmöglichkeit der Besiegten“[62] (?), soll Emotionalität und „Sprachlosigkeit“ zeigen	Vgl. S. 224

62 Ebd., S. 197.

3.7 Interpretationsansätze

ZUSAMMENFASSUNG

Wolfs Roman lässt sich unterschiedlich deuten: Die Autorin schreibt sich ihren politischen (1) und persönlichen (2) Frust mit der DDR und der Wiedervereinigung von der Seele. Sie gibt eine feministische Deutung des Medea-Mythos (3) und verbindet diese mit der Schilderung eines Flüchtlingsschicksals (4) und der Frage nach dem Ursprung von Gewalt (5).

		Der Roman als ...
Die Autorin verarbeitet eigene politische Ansichten und Erfahrungen	→	1. politischer Schlüsselroman
Die Autorin schildert verschlüsselt ihre eigenen Erlebnisse	→	2. autobiografischer Schlüsselroman
Die Autorin deutet den Medea-Mythos feministisch neu	→	3. feministischer Roman
Die Autorin schildert ein Flüchtlingsschicksal	→	4. Flüchtlingsroman
Die Autorin spürt den Gründen für das Versagen der Zivilisation nach	→	5. psychologischer Roman

Im vorliegenden Kapitel soll keine geschlossene Interpretation des Romans gegeben werden. Es werden vielmehr einige Interpretationsansätze herausgegriffen und kurz vorgestellt:

Medea – ein politischer Schlüsselroman

Viele, besonders die frühen Ausleger des Romans, interpretieren ihn als mehr oder minder deutlichen bzw. gelungenen politischen Schlüsselroman (vgl. 4. Rezeptionsgeschichte), wobei sich hinter den Städten Kolchis und Korinth die DDR und die Bundesrepublik Deutschland verbergen sollen. Diese Lesart scheint sich auch anzubieten, ist doch Medea nach Christa Wolfs eigenen Aussagen als „die Barbarin aus *dem Osten*“[63] [Hervorhebung V. K.] zu sehen und Christa Wolf hat mehrfach erwähnt, *Medea* enthalte „Erfahrungen der Gegenwart“[64]. Auch zieht sich der Gegensatz zwischen Korinth im Westen und Kolchis im Osten durch den gesamten Roman.

Korinth als BRD
Kolchis als DDR?

Das vergleichsweise bescheidene Kolchis, das sich immer weiter von den einstigen Idealen (gewaltfreier Umgang miteinander, gerechte, gleichmäßige Besitzverteilung) entfernt hat (vgl. S. 93), und sein alter, verknöcherter Herrscher, der sich allen Reformversuchen in den Weg stellt, erinnern schon sehr an die späte DDR mit ihrem alten, reformfeindlichen „Betonkopf“ Erich Honecker. Auch, dass sich die Reformer und Unzufriedenen ausgerechnet im Tempel treffen, lässt sich leicht parallel setzen zum Treffen der unzufriedenen Demonstranten in den Kirchen der DDR. Die „Einschüchterung[en]“ (S. 95) König Aietes’ finden ihre Entsprechung etwa in den Schikanen des DDR-Regimes gegen Ausreisewillige und Systemkritiker. Schließlich flohen auch die unzufriedenen DDR-Bürger in den Westen.

Dieser Westen, Korinth, ist ein kapitalistischer Staat (man ist „besessen“ nach Gold, misst den Wert der Bürger nach Besitz, vgl. S. 35) und lässt sich leicht als die Bundesrepublik Deutschland

63 Roser, Birgit, S. 120.
64 Vgl. u. a. Wolf, Christa: *Von Kassandra zu Medea.* In: Hochgeschurz, Marianne, S. 15, und S. 97.

interpretieren. Auch, dass dieser scheinbare „(Wunsch-)Traum"-Staat sich für die „Flüchtlinge" (S. 35) aus dem Osten (oft) als Enttäuschung erweist (vgl. S. 98 u. a.), trifft auf viele ehemalige DDR-Bürger zu, die von der Bundesrepublik enttäuscht wurden.

Der Sohn König Aietes', den er um seines Machterhalts willen töten lässt, kann in der Assoziationskette: Zukunft, Hoffnung, Sozialismus wiedergefunden werden[65] und das „düstere Geheimnis" von Korinth im Mangel an Parteidemokratie, dem „System Kohl" etc.

Medea – ein autobiografischer Schlüsselroman

Christa Wolfs persönliche Erfahrungen

Auch als autobiografischer Schlüsselroman lässt sich *Medea* interpretieren. Besonders in der Figur der Medea hat Christa Wolf ihre persönlichen Erfahrungen verarbeitet. Medea ist eine Prinzessin, die in Kolchis (besonders beim Volk) hohes Ansehen genießt (vgl. u. a. S. 63). Christa Wolf ist eine (auch beim Volk) hoch angesehene Künstlerin, die sogar im Gespräch für den Nobel-Preis war.[66] Beide kommen in den Westen und werden zunächst aufgrund ihres Rufs, der ihnen vorauseilt, ehrenvoll empfangen. Aber schließlich wird ihr Ruf auf unfaire Art demontiert. Ist es bei Medea das Gerücht, ihren Bruder ermordet zu haben, für den Ausbruch der Pest verantwortlich zu sein und gar ihre eigenen Kinder getötet zu haben, so sind es bei Christa Wolf die zum Teil sehr persönlichen Angriffe auf ihr literarisches Werk sowie ihre privilegierte Stellung in der DDR und schließlich die vernichtende Reaktion auf ihre zeitweise Stasi-Mitarbeit.[67]

---

65 Vgl. http://www.egotrip.de/lesen/medea/htm (Stand Mai 2001). Besprechung zu ‚*Medea. Stimmen*': „*Der Fluch des Selbstbewusstseins*".
66 Vgl. Chiarloni, Anna, in: Hochgeschurz, Marianne, S. 181.
67 Vgl. ebd., S. 181 ff.

Medea – ein feministischer Roman

„Konflikt einer starken und selbstbewussten Frau mit einer patriarchalischen Gesellschaft"

Wolfs Beschäftigung mit dem Feminismus

Es wäre natürlich sehr stark verkürzt, wollte man *Medea* nur als Schlüsselroman sehen. Christa Wolf beschreibt in ihrem Roman auch den „Konflikt einer starken und selbstbewussten Frau mit einer patriarchalischen Gesellschaft“[68]. Hier spiegelt sich Christa Wolfs Beschäftigung mit dem Feminismus, ihre Erfahrungen mit der Stellung der Frau in der DDR sowie mit dem „weiblichen Schreiben“ wider.[69] Medea bewirkt ein kritisches Nachdenken der korinthischen Frauen über ihre Männer (vgl. S. 112). Die Männer selbst – sowohl die starken wie die schwachen – „scheitern“ an dieser Frau. Können die schwächeren Männer ihr Selbst- bzw. Rollenverständnis nicht mit dem durch Medea verkörperten Frauenbild vereinbaren, sehen die starken Männer in ihr eine ungewohnte, lästige Konkurrentin, „gegen die man z. B. die schwächeren Männer ideal mobilisieren kann“[70]. Akamas wird so unerwartet durch die erfolgreiche Heilerin Medea in seiner Position (als Arzt und „Ausbilder“) erschüttert (vgl. S. 64). Er sieht Medea schließlich als Gegnerin sowie als ideales politisches Opfer[71] und macht sie zum „Sündenbock“, um seine Macht weiter ausbauen zu können.

Auch Jason kommt mit der gleichberechtigten Position Medeas nicht zurecht (vgl. S. 55 u. a.) und lässt sich durch Akamas und König Kreon nur zu leicht gegen Medea einnehmen (vgl. S. 56 u. a.). Er entpuppt sich als die Sorte Mann, die Kirke Medea geschildert hat (vgl. S. 102), aber noch schlimmer:

---

68 http://www.egotrip.de/lesen/medea/htm (Stand Mai 2001). Besprechung zu ‚*Medea. Stimmen*': *„Der Fluch des Selbstbewusstseins“.*

69 Vgl. hierzu: Adams, Marion: *Christa Wolf: Marxismus und Patriarchat.* In: Jurgensen, Manfred: Frauenliteratur, S. 110 ff.

70 Vgl. http://www.egotrip.de/lesen/medea/htm (Stand Mai 2001). Besprechung zu ‚*Medea. Stimmen*': *„Der Fluch des Selbstbewusstseins“.*

71 Vgl. ebd.

> „Jason ist der typische Feigling mit dem permanenten Drang, sich von jeglicher Schuld reinzuwaschen und auch von seiner Umwelt die Bestätigung seiner Unschuld einzutreiben. Dabei steht ausgerechnet das Opfer Medea seiner reinen Selbstschau im Wege, und so trägt in seinen Augen am Ende zwangsläufig sie die gesamte Schuld am eigenen Schicksal und seiner vermeintlichen Seelenqual.“[72]

Schließlich gibt es noch die Sorte Männer, die eine Mittelposition einnimmt. Für sie steht Leukon. Er geht innerlich zugrunde, weil er die die eigene Ohnmacht mitbegründende eigene Feigheit erkannt hat (vgl. S. 153, 213 u. a.). Aber selbst er schiebt die Schuld auf die Frau: „was gab dieser Frau das Recht, uns vor Entscheidungen zu stellen, denen wir nicht gewachsen sind, die uns aber zerreißen und uns als Unterlegene, als Versagende, als Schuldige zurücklassen“ (S. 213).

Medea – ein Flüchtlingsroman

Schicksal der Fremden

Ein weiterer Aspekt des Romans ist die Beschreibung des Schicksals der Fremden, die sich nach der Flucht aus ihrer Heimat in den Schutz eines fremden Landes begeben haben. Solange es dem Gastland (wirtschaftlich) gut geht, werden die Fremden geduldet (vgl. S. 113 f.). Dabei können die Gastgeber, die Korinther, zeigen, dass sie auch zu einer „Barbarin“ gerecht, vorurteilsfrei und sogar freundlich sein können. Aber die Gastfreundschaft kommt nicht von Herzen, sondern entspringt zunächst wohl dem schlechten Gewissen der Korinther, das noch aus der gewaltsamen Enteignung der Ureinwohner resultiert. Auch diese waren „Barbaren“, die man allerdings nicht freundlich behandelt hatte (vgl. u. a. S. 74).

Gastfreundschaft kommt nicht von Herzen

---

72 Ebd.

> „Die angekommenen Fremden dienen also in einem ersten Schritt der Korrektur des Selbstbildnisses, das die Korinther – wenn auch nur in verdrängter, verleugneter Form – von sich selbst haben."[73]

Akzeptiert (bzw. geduldet) werden die Fremden aber nur, wenn sie sich anpassen oder unauffällig sind, oder aber als „[r]eizvolle Wilde" (S. 57), deren „Reizen" man nicht immer „widerstehen" (S. 57) kann (und muss), aber nur „[z]eitweise" (S. 57) – nicht für eine ernste dauerhafte Bindung. Auch vom Volk werden die Fremden (anderes Aussehen) „wie fremde Tiere bestaunt" (S. 116).

Sollten aber die Fremden (wie die Kolcher) ihre Sitten und Gebräuche beibehalten, gereicht ihnen das alleine schon zum Nachteil (vgl. u. a. S. 53 f.). Selbstbewusstsein gar wird ihnen als „Anmaßung gegenüber den großzügigen Gastgebern ausgelegt. Man erwartet von ihnen Dankbarkeit und Unterwürfigkeit statt Eigenständigkeit"[74] (vgl. S. 47, 115 u. a.).

Unterschwellige Ablehnung des Fremden

Spätestens aber, sobald sich die Situation in Korinth verschlechtert und Krisenstimmung aufkommt (vgl. S. 121), schlägt die unterschwellige Ablehnung des Fremden bei erster Gelegenheit in Hass und „Strafaktionen" um. So wird aus der Heilerin und zauberkundigen Medea die „böse Frau" (S. 54), die vom Pöbel durch die Straßen Korinths getrieben wird (vgl. u. a. S. 163), und die Asylanten im Tempel fallen fast einer „Strafaktion" zum Opfer (vgl. S. 126 ff.).

---

73 Mayer, Friederike: *Potenzierte Freiheit: Medea – die wilde Frau*, S. 89.
74 http://www.egotrip.de/lesen/medea/htm (Stand Mai 2001). Besprechung zu *‚Medea. Stimmen': „Der Fluch des Selbstbewusstseins"*.

Medea – ein psychologischer Roman

In diesem Zusammenhang ist noch ein weiterer Interpretationsansatz zu betrachten. Es geht Christa Wolf in ihrem Roman auch um die Frage nach den Ursprüngen von Gewalt:

> „Warum ist, das, was wir uns erarbeitet haben an Zivilisation und Humanität so leicht zerstörbar, warum gibt es immer wieder Rückfälle in Irrationalität und Grausamkeit?"[75]

Auch hier sind es wieder eigene Erfahrungen, die Christa Wolf gerade für diesen Aspekt in ihrer Medea-Bearbeitung motiviert:

> „Es zeigte sich mir in jenen Jahren, daß unsere Kultur, wenn sie in Krisen gerät, immer wieder in die gleichen Verhaltensmuster zurückfällt: Menschen auszugrenzen, sie zu Sündenböcken zu machen, Feindbilder zu züchten, bis hin zu wahnhafter Realitätsverkennung. Dies ist für mich unser gefährlichster Zug."[76]

Die Hauptthese des französischen Soziologen und Kulturwissenschaftlers René Girard, den Christa Wolf zweimal als Motto zu den „Stimmen" zitiert, literarisch umsetzend, zeigt sie in *Medea* einmal, wie Staaten auf einem sogenannten „Gründungsopfer" basieren und zweitens, wie der „Sündenbockmechanismus" „funktioniert".[77]

Sowohl Iphinoe wie auch Absyrtos sind (Menschen-)Opfer, die die patriarchalische Herrschaft gegenüber dem (letzten) „Aufbäumen" der ursprünglichen matriarchalischen Herrschaft wieder

---

75 Christa Wolf, zitiert nach Roser, Birgit, S. 82.
76 Wolf, Christa: *Warum Medea?* In: Hochgeschurz, Marianne, S. 77.
77 Vgl. hierzu auch Roser, Birigt, S. 82 ff.

stabilisieren. Sie sind somit „Gründungsopfer“ des jeweiligen patriarchalischen Systems (in Korinth und Kolchis). Sie unterscheiden sich lediglich in der „zeremoniellen Darbringung“ des Opfers. Der Tod beider (besonders aber der Iphinoes) und auch seine (späteren) Rechtfertigungen, sei es durch Akamas (vgl. u. a. S. 118) oder den Oberpriester (vgl. S. 121 f.), entsprechen somit René Girards Beschreibung des „versöhnenden Opfers“:

> „Die Gründungsgewalt (…) [lässt] ein einziges Opfer an die Stelle der ganzen Gemeinschaft treten. Dieses versöhnende Opfer zeichnet sich dadurch aus, dass es Teil der Gemeinschaft ist.“[78]

Das geheim vollzogene Opfer Iphinoes

Das geheim vollzogene Opfer Iphinoes birgt in sich aber noch einen weiteren Aspekt. Eigentlich vollzogen, um das Herrschaftssystem zu stabilisieren, bildet es aber zugleich eine ständige Bedrohung der Ordnung in Korinth, weil ein Bekanntwerden das latente Gewaltpotential, das in Korinth von Beginn an vorhanden ist, zum Ausbruch bringen könnte (vgl. u. a. S. 122 f.). Das „Schuldgefühl“ (S. 123) und die „maßlose Angst vor Enthüllungen“ (S. 120), die die Korinther ihrer Illusion berauben könnten, „sich für die unschuldigsten Menschen unter der Sonne halten [zu] können“ (S. 120) birgt die Gefahr, sich als Gewalt gegen andere zu entladen. Medea hat hier bereits richtig erkannt, dass die Korinther „ihre Angst nur durch Raserei *gegen andere* [Hervorhebung V. K.] mildern können“ (S. 175). In Krisensituationen führt diese Verunsicherung also dazu, dass sich die Korinther immer wieder „Sündenböcke“ suchen, die dann Opfer der kollektiven Gewalt werden.[79]

---

78 Girard, René: *Das Heilige und die Gewalt*, zitiert nach Roser, Birgit, S. 83.
79 Vgl. ebd., S. 84.

Nach René Girard erfüllt auch der Sündenbock die Funktion des „versöhnenden Opfers“:

> „Es wird für die Krise verantwortlich gemacht, symbolisiert aber gleichzeitig auch die Wiedereinkehr der Ordnung, da ihm die alleinige Verantwortung für alles Geschehen zugeschrieben wird.“[80]

„Sündenbockmechanismus“ allgegenwärtig

Christa Wolf beschreibt in *Medea*, wie allgegenwärtig dieser „Sündenbockmechanismus“ ist. Medea ist ja nicht der einzige Sündenbock. Bereits Kirke, die von Medea als ihre „Vorläuferin“ (S. 101) bezeichnet wird, ist von ihren politischen Gegnern denunziert und zur „bösen Zauberin“ (S. 101) gemacht worden, bevor sie aus Kolchis vertrieben wurde.

Erste Krise: Hungersnot

Zweite Krise: Abhängigkeit und Angst

An den Ereignissen in Korinth zeigt Christa Wolf dagegen „den stufenweisen, sich steigernden Ablauf eines vielschichtigen Sündenbockmechanismus“[81]. Reagieren die Korinther zunächst „nur“ mit Verleumdungen (erste Krise: Hungersnot), so erfolgt auf das (dankbar aufgenommene) Gerücht, Medea habe ihren Bruder ermordet, bereits die Hetze Medeas durch die Stadt (zweite Krise: vermehrte Abhängigkeit von den Hethitern, Angst vor „Entlarvung“ der „Iphinoe-Sage“). Eine weitere Zuspitzung der Lage geschieht durch das Erdbeben und den Ausbruch der Pest. Die kollektive (nicht institutionalisierte) Gewalt richtet sich zunächst jedoch noch nicht gegen Medea, sondern gegen eine andere Gruppe von Außenseitern, die Asylanten im Tempel.

Aber nicht nur an den Korinthern wird die Entstehung und der Ausbruch kollektiver Gewalt gezeigt, auch die Kolcherinnen

---

80 Girard, René: *Der Sündenbock*, zitiert nach Roser, Birgit, S. 85.
81 Ebd.

reagieren in der Krise der Mondfinsternis mit kollektiver Gewalt. Schließlich setzt sich die Gewalt institutionalisiert in der „staatlichen Strafaktion“ gegen die Kolcher nach der Entmannung Turons und dem Gerichtsverfahren gegen Medea fort (dritte Krise: „Sexualverbrechen“). Obwohl der Ausgang des Verfahrens von Anfang an feststeht (vgl. S. 202), wird doch noch der Schein der Legalität gewahrt. Die Ausweisung Medeas aus der Stadt in die Verbannung hat dann auch für alle sichtbar „Sündenbockfunktion“. „[W]ie bei einem Sündenbock üblich [wird Medea] durch die Straßen (...) [der] Stadt Korinth geführt (...), die von einer haßschäumenden, schreienden, speienden, fäusteschüttelnden Menge gesäumt“ werden (S. 212).

Dritte Krise: „Sexualverbrechen“

> „Am Ende von *Medea. Stimmen* steht damit als Ergebnis genau das laut Girard für den Mythos typische ‚geschlossene System‘ (...) der Verkennung, das im Vorspann des Romans angesprochen wird. Indem der Roman – konsequent der Kulturtheorie René Girards folgend – die Genese dieses Systems der Verkennung als Resultat von Gründungsopfern, Sündenbockmechanismen und Mythenbildung sichtbar macht, vollzieht er als Ganzes jedoch genau das Gegenteil dessen, was auf der Ebene der Romanhandlung vorgeführt wird: Er bewirkt einen Schritt ‚in das Innerste unserer Verkennung und Selbstverkennung‘ (...). Christa Wolf stellt dafür nicht nur die im überlieferten Medea-Mythos enthaltenen Stereotypen der Verfolgung deutlich heraus, sondern fügt dem Mythos weitere Elemente hinzu, die ihn als explizite Geschichte von Sündenbockmechanismen lesbar machen.“[82]

---

82 Ebd., S. 89.

4. REZEPTIONSGESCHICHTE

ZUSAMMEN-FASSUNG

Die Rezeptionen beschäftigten sich vor allem mit zwei Aspekten von Christa Wolfs Roman, dem des autobiografisch-politischen Wenderomans sowie der Neuinterpretation des Medea-Mythos.

Als 1996 Christa Wolf sich mit ihrem Roman *Medea. Stimmen* wieder zu Wort meldete, beendete sie ein mehrjähriges (literarisches) Schweigen. Seit dem 1990/91 in der deutschen Presse ausgetragenen Streit um ihre Schriftstellerinnenrolle in der DDR hatte sie keinen längeren literarischen Text mehr verfasst.

Medea als Wenderoman

Kritiker und Leser erwarteten daher einen („Wende"-)Roman, der das deutsch-deutsche Verhältnis, aber auch Christa Wolfs eigene Position behandeln würde. Es verwundert daher kaum, dass die frühen Kritiken sich besonders auf die Suche nach diesen Aspekten begaben.

So heißt die Rezension von Manfred Fuhrmann in der FAZ[83] bezeichnend *Honecker heißt jetzt Aietes* und Frauke Meyer-Gosau nennt in DIE WOCHE Christa Wolfs Darstellung von Kolchis und Korinth „putzige Abziehbildchen"[84] Ostberlins und Bonns. Jens Balzer bezeichnet Christa Wolfs Darstellung in DIE ZEIT als wenig kunstvoll: „Ein Ost-West-Drama wie aus dem Lehrbuch"[85] und

83 „Frankfurter Allgemeine Zeitung" vom 2. März 1996.
84 „Die Woche" vom 8. März 1996.
85 „Die Zeit" vom 23. Februar 1996.

auch Thomas Anz von der SZ kritisiert, dass *Medea* als „politischer Roman (...) nur einen begrenzten Erkenntnisgewinn [vermittelt].“[86]

Ganz anders sehen das Marie-Luise Ehrhardt[87] und Anna Chiarloni[88]. Während Marie-Luise Ehrhardt die Konzentration der Kritiker auf die Darstellung des Ost-West-Konflikts als Verkürzung der Romanintention kritisiert und darauf aufmerksam macht, dass es Christa Wolf in ihrem Roman um nichts Geringeres als „die Frage nach der Bestimmung des Menschen“ geht, greift Anna Chiarloni gezielt die Geringschätzung einiger Kritiker gegenüber Christa Wolfs *Medea*-Umarbeitung an und widerspricht besonders der Interpretation Jens Balzers, Medea nur als „unglückliches Opfer“ zu sehen, indem sie auf Medeas Schuld durch ihre Passivität gegenüber der Gewalt ihres Vaters aufmerksam macht.

„Antike Verkleidung“ der beiden deutschen Staaten

Aber nicht nur Christa Wolfs „antiker Verkleidung“ der beiden deutschen Staaten, sondern auch der Frage, ob der Roman als autobiografischer Schlüsselroman angesehen werden kann, wird von den Rezensenten nachgegangen.

Volker Hage in DER SPIEGEL glaubt zwar, im Roman Belege dafür finden zu können, dass Christa Wolf sich selbst in „ihrer“ Figur der Medea darstellt, aber sie sei im Endeffekt doch „klug genug [gewesen], der Gefahr einer solchen Identifizierung auszuweichen“[89]. Für Thomas Anz gibt es hingegen „kein[en] Zweifel“, dass sich „Christa Wolfs eigene Hoffnungen, Enttäuschungen und Kränkungen“ in der Stimme der Medea „artikulieren“.[90] Und Ursula Püschel versucht in NEUE DEUTSCHE LITERATUR an Tagebuchtexten und anhand der anderen Romane (z. B. *Nachdenken*

---

86 „Süddeutsche Zeitung“ vom 2./3. März 1996.
87 Ehrhardt, Marie-Luise, besonders S. 7 f.
88 Chiarloni, Anna: *Medea und ihre Interpreten.* In: Hochgeschurz, Marianne, S. 174–188, besonders S. 185 f.
89 „Der Spiegel“ vom 26. Februar 1996, S. 208.
90 „Süddeutsche Zeitung“ vom 2./3. März 1996.

über Christa T. und *Kassandra)* zu belegen, dass Christa Wolf oft „selbst als Protagonistin ihrer Werke“[91] in Erscheinung tritt.

Christa Wolfs „Selbstspiegelungen“ in der Gestalt der Medea

Christa Wolfs „Selbstspiegelungen“ in der Gestalt der Medea werden aber auch als Versuch Christa Wolfs, sich „reinzuwaschen“, interpretiert. So stellt sich ein Rezensent die Frage, ob „hier nicht die Tippfehler eines Lebensmanuskriptes mit dem weißen Tipp-Ex der Makellosigkeit übertüncht [werden].“ Wer aber „ein unbestritten gelungenes Buch mit einem so reichen historischen und gesellschaftlichen Assoziationsgeflecht überzieht, darf sich nicht wundern, wenn er sich selbst unversehens in diesem verfängt.“[92]

Wolfs Neuinterpretation des Medea-Mythos

Umarbeitung des Medea-Mythos

Unterschiedliche Auffassungen herrschen unter den Kritiker darüber, wie gelungen Christa Wolfs Umarbeitung des Medea-Mythos ist. Ursula Püschel sieht in der starken autobiografischen Darstellung der Figur einen Grund für ihre „Blässe“[93] und Sigrid Löffler empfindet im FALTER die „Einarbeitung“ von Christa Wolfs autobiografischen, politischen und ethischen Vorstellungen in ihre Romanfiguren als „zum Verrücktwerden durchsichtig.“[94] Für Ursula März in der FR „erstickt“ die Figur der Medea „beinahe an der enormen Mitgift eines idealisierten Charakters, die ihr die Erzählerin mitgab.“[95] Und Volker Hage bezeichnet Christa Wolfs Roman als „die biedere Variante eines schrägen Dramas aus der Frühzeit des Abendlandes“, einen „banalen Etikettenschwindel“[96], denn

---

91 „Neue Deutsche Literatur“, H. 2, 1996, S. 134–141, bes. S. 140 f.
92 http://www.egotrip.de/lesen/medea.htm (Stand Mai 2001). Besprechung zu ‚*Medea. Stimmen*‘: „*Der Fluch des Selbstbewusstseins*“.
93 „Neue Deutsche Literatur“, H. 2, 1996, S. 140.
94 „Falter“, Nr. 9, 1996.
95 „Frankfurter Rundschau“ vom 9. März 1996.
96 „Der Spiegel“ vom 26. Februar 1996, S. 208.

Christa Wolfs Medea habe mit der ursprünglichen Medea-Gestalt nichts mehr gemein.

Jens Balzer behauptet sogar, Christa Wolf häufe in ihrer Romanversion der Medea-Sage „mehr oder weniger bekannte Weltverschwörungsmotive aus Ideologiekritik und Trivialliteratur aufeinander“, bis man das Gefühl habe, die Figuren „agieren in einer archaischen Fantasy-Welt, die sich nur zum vordergründigen Grusel des Publikums gewalttätig und erschreckend gibt“[97].

Medeas Umgestaltung zum makellosen Opfer

Auch Roberto Simanowski kritisiert Christa Wolfs Umarbeitung, besonders „die Reinwaschung Medeas zum makellosen Opfer.“ Seiner Meinung nach bedeutet das

> „einen Rückfall hinter den inzwischen erreichten Diskussionsstand bezüglich Verblendung und Verkennung. Sie ist im Grunde (feministische) Ideologiekritik, die selbst nicht der Kritik unterzogen wird. Mit anderen Worten: aus dem Mythus ist ein Märchen geworden.“[98]

Ganz anders sieht das Ludger Lütkehaus. Für ihn ist das Werk, trotz aller Kritik, „nicht nur das wichtigste der von der neueren Frauenbewegung inspirierten Medea-Rezeption, sondern auch eine Wende in der von Euripides geprägten Stoffgeschichte überhaupt.“[99]

Thomas Anz lobt *Medea* als „psychologische[n] Roman“, der seiner Meinung nach

---

97 „Die Zeit“ vom 23. Februar 1996.

98 Simanowski, Roberto: *Wem gefallen gefallende Mythen? Christa Wolfs „Medea – eine Stimme.“* Im Internet: http://www.tabularasa-jena.de/artikel/artikel_60/ (Stand Mai 2011).

99 Lütkehaus, Ludger: *Medea und einige ihrer Kinder.* In: Lütkehaus, S. 321.

„psychopathologischen Mechanismen der Selbsttäuschung, des Umschlags von Angst in Hass und von Hass in Gewalt, der Suche nach einem Sündenbock für allgemeine Fehlentwicklungen und nach einem die Gesellschaft entlastenden Blutopfer beschreibt, er ist spannend und erhellend und führt über die bloß persönlichen Obsessionen der Autorin weit hinaus.“[100]

Zudem habe der Roman „Spannungselemente eines modernen Polit- und Psychokrimis.“[101]

---

100 „Süddeutsche Zeitung“ vom 2./3. März 1996.
101 Ebd.

5. MATERIALIEN

Die Argonauten-Sage

Christa Wolf schreibt in ihrem Roman den antiken Medea-Mythos neu. Die ganze Argonautensage, in die der Medea-Mythos eingebettet ist, wird im Roman aber nur fragmentarisch an verschiedenen Stellen der „Stimmen" erzählt. Dr. Eleonora Pfeifer gibt die gesamte auf Euripides basierende Sage von Jason und Medea zusammengefasst wieder:

„Ich will zuerst den Inhalt der alten Sage kurz gefasst wiedergeben. Der antike Dichter Euripides hatte den Stoff 431 v. Chr. zu einem Drama verarbeitet mit folgendem Inhalt:

Im alten Griechenland gab es einmal ein Königreich Jolkos, das unberechtigterweise von einem gewissen Pelias beherrscht wurde. Der eigentliche Thronanwärter wäre sein Bruder gewesen. Dieser war alt, und Pelias fürchtete ihn nicht. Vorsorglich schickte er aber den jungen Sohn seines Bruders außer Landes. Es war besagter Jason. Als er erwachsen war, kehrte er nach Jolkos zurück und erhob zu Recht Anspruch auf den Thron. Das passte seinem Onkel Pelias gar nicht, er tat aber so, als ob er einwilligen wollte. Er würde auf den Thron verzichten, wenn ihm Jason das Goldene Vlies brächte – ein im antiken Altertum hoch verehrtes Widderfell, ein Heiligtum, das seinem Besitzer Macht, Herrschaft und männliche Fruchtbarkeit versprach. Das Vlies befand sich im Lande Kolchis an den Südhängen des Kaukasus am Schwarzen Meer. König Pelias hoffte, dass Jason bei dieser Reise zugrunde gehen würde. Die Reise von Griechenland nach Kolchis an der äußersten östlichen Grenze der damals bekannten Welt bei den Mittelmeervölkern war weit und beschwerlich (das heutige Georgien!). Pelias wollte Jason

Um seinen Thron zu erringen, muss Jason das Goldene Vlies bringen auf jeden Fall loswerden. Jason durchschaute die Absicht seines Onkels nicht. Er beschloss mit anderen tapferen Griechen, das Vlies zu holen. So kam es zum Argonautenzug vom Mittelmeer zum Schwarzen Meer nach dem Lande Kolchis.

Dort regierte ein König namens Aietes, der keineswegs das Goldene Vlies herausrücken wollte. Und er stellte Jason schier unlösbare Aufgaben. Nur dann könne er das Goldene Vlies erhalten. Ich will nur eine nennen. Jason sollte mit vielen Männern gleichzeitig kämpfen und diese alle besiegen. Jason löste alle Aufgaben, weil er Hilfe bekam von der Tochter des Königs Aietes: Medea. Sie war von göttlicher Abstammung, ihr Großvater war der Sonnengott Helios. Sie war die oberste Priesterin des Landes, war zauberkundig, heilkundig. In mancher Version der alten Sage wird sie auch als eine Giftmischerin genannt. Sie half Jason. Ihre Bedingung war, dass er, wenn er das Land wieder verlässt, sie mitnimmt. Sie hatte sich in Jason verliebt. Er löste mit Hilfe ihrer Zauberei alle Aufgaben. Jason bekam eine Salbe, die ihn unverwundbar machte. Gemeinsam raubten sie das Goldene Vlies. Die Schlange, die es bewachte, wurde von Medea eingeschläfert.

Medea hilft Jason, das Goldene Vlies zu erlangen

Die Abfahrt der Argo von Kolchis war sehr gefahrvoll. Aufgebrachte Kolcher verfolgten das Schiff, darunter auch Medeas Bruder Absyrtos. Die Flucht gelang nur durch die Ermordung des Bruders. Vollbracht wurde die Tat durch Jason, aber Medea war die eigentlich Schuldige. Sie lockte den Bruder in einen Hinterhalt.

Als Jason, der auf dem Schiff Medea geheiratet hatte, mit ihr zusammen in seine Heimat Jolkos zurückkehrte, wurde er sehr enttäuscht. Sein Onkel Pelias rückte die Krone nicht heraus. Ja er bedrohte Jason und Medea, so dass beide fliehen mussten. Sie fanden Asyl im Königreich Korinth bei König Kreon, einem anderen Onkel von Jason.

Jason verstößt Medea

Nach etwa 10 Jahren, Medea hatte inzwischen zwei Kinder bekommen, (...) als, wie es in der Sage heißt, ‚die Zeit die Reize ihrer Gestalt allmählich vertilgte', wandte sich Jason der Tochter des Königs Kreon – Glauke – zu. Er verstieß Medea. Diese war in tiefem Schmerz. Sie sann auf Rache, sie verstellte sich, tat so, als ob sie mit allem einverstanden wäre, und schenkte der künftigen Ehefrau ein köstliches goldenes Gewand, das aber vergiftet war. So kam Glauke zu Tode, ihr Vater König Kreon gleich mit, da er sich im Jammer über ihren Tod über sie warf und ebenfalls vom giftigen Gewand infiziert wurde.

Als Jason empört zu Medea eilte, erlebte er gerade noch, wie diese aus eifersüchtiger Rache die gemeinsamen Kinder ermordete. (...) Er sah gerade noch, wie Medea auf einem mit Drachen bespannten Wagen, den ihr Großvater, der Sonnengott Helios, geschickt hatte, den Schauplatz ihrer Rache durch die Lüfte verließ."[102]

Die Frau in der Antike

Neben dem Autobiografischen und dem allgemein Gesellschaftspsychologischen ist ein weiterer geistiger Hintergrund für Christa Wolfs *Medea*-Roman der FEMINISMUS. Christa Wolf ist der Meinung, dass in unserer männerdominierten Welt auch die Kunst und die geschriebene Geschichte fast ausschließlich aus männlicher Sicht gestaltet wurden, und entwirft eine „Gegensicht". Dr. Eleonora Pfeifer gibt hierzu die historischen Hintergrundfakten.

---

102 http://www.lisa-frauen.de/aktuelles/aktuelles_seiten/vortraege.htm (Stand Mai 2001). Vortragstext von Dr. Eleonora Pfeifer: „Medea aus feministischer Sicht. Vorstellung des Romans von Christa Wolf, *Medea. Stimmen*".

„Wolf wagte den weiblichen Blick auf Medea. Kann es nicht ganz anders gewesen sein?

Dazu muss man den historischen Fakt kennen, dass es gerade in der Antike eine ausgesprochene Frauenfeindlichkeit gab, die uns im Unterricht nie vermittelt wurde. Die Antike brachte die ersten gesellschaftlichen Verhältnisse, in denen die Männer das Sagen hatten. Wir wissen, dass es vor dieser Zeit eine besondere Autorität, Verehrung der Frauen gab, vor allem weil nur ihr Anteil an der Erzeugung von Kindern bekannt war. Mit Beginn des Patriarchats wurde aus ideologischen Gründen alles Weibliche diffamiert, niedergehalten. Die damals gerade entstandene Philosophie zählte Frauen gar nicht zu den richtigen Menschen. Aristoteles: ‚Das Weib ist ein unfertiger Mann, auf einer tieferen Stufe der Entwicklungsleiter stehen geblieben. Das Männliche ist seiner Natur nach höher, das Weibliche niedriger …' In der griechischen Antike galt die Liebe zwischen Mann und Mann offiziell als höher stehend als die Liebe zwischen Mann und Frau. Göttinnen, die in den ganz alten Mythen den Himmel bevölkerten, wurden abgelöst von männlichen Göttern. Diese Entwicklung widerspiegelt sich auch in den Mythen. Je älter sie sind, desto mehr finden wir gute, starke Frauen, je jünger, desto mehr Frauen mit furchtbaren Charakterzügen. Die Frauen wurden dämonisiert."[103]

Mit dem Patriarchat in der Antike beginnt die Diffamierung des Weiblichen

103 Ebd.

6. PRÜFUNGSAUFGABEN MIT MUSTERLÖSUNGEN

Unter www.königserläuterungen.de/download finden Sie im Internet zwei weitere Aufgaben mit Musterlösungen.

Die Zahl der Sternchen bezeichnet das Anforderungsniveau der jeweiligen Aufgabe.

Aufgabe 1 *

Inwieweit kann man Korinth und Kolchis als „Bilder" für die Bundesrepublik Deutschland und die DDR interpretieren? Arbeiten Sie die Merkmale heraus.

Mögliche Lösung (stichpunktartig):

KOLCHIS ALS SPIEGELBILD DER DDR

Kolchis (entspricht DDR):

→ vergleichsweise bescheiden
(Lebensstandart der DDR im Vergleich zum Westen niedrig)

→ hat sich immer mehr von den einstigen Idealen entfernt (S. 93)
(das kommunistisch-sozialistische Ideal ist zu einem Funktionärsstaat geworden)

→ ein alter verknöcherter Herrscher blockiert alle Reformversuche
(Honecker und seine „Altherrenriege" verweigern alle Reformen)

→ Reformer und Unzufriedene, besonders unter der Jugend, treffen sich im Tempel
(DDR-Bürgerrechtler treffen sich in den Gotteshäusern)

→ Einschüchterungsversuche des Herrschers (S. 95)
(Niederschlagung der Demonstration vom 3. Oktober 1989)

→ Flucht vieler Unzufriedener
(Massenflucht aus der DDR ab August 1989)
→ Flüchtlinge werden durch Propaganda als Verräter gebrandmarkt (S. 26)
(hohe Strafe auf „Republikflucht")

KORINTH ALS SPIEGELBILD DER BUNDESREPUBLIK DEUTSCHLAND

Korinth (entspricht BRD):
→ hoher Stellenwert des Geldes (S. 36)
(BRD ist ein kapitalistischer Staat)
→ Der „Wunschtraumstaat" erweist sich für viele Flüchtlinge als Enttäuschung (S. 98 u. a.)
(Ernüchterung für viele DDR-Flüchtlinge)
→ düsteres Geheimnis
(Mangel an Parteidemokratie im „System Kohl")

Aufgabe 2 **

Zeigen Sie anhand des Romans das gelenkte Entstehen eines Rufmordes und erarbeiten Sie die Motive seiner Verursacher.

Mögliche Lösung (stichpunktartig):
a) Verlauf und Auswirkungen der Rufmordkampagne:

SCHRITTWEISE VERNICHTUNG MEDEAS

Gerücht, Medea habe ihren Bruder ermordet (S. 88)
Gerücht, Medea habe Schuld am Ausbruch der Pest (S. 141)
Medea wird von aufgehetzten Pöbel durch die Stadt gejagt (S. 163)

Anklage, Medea habe als Anführerin der Kolcherinnen, die Verstümmelung Turons zu verantworten (S. 196)

Schauprozess: Verurteilt zur Verbannung aus Korinth (S. 212)

Gerücht, Medea habe Glauke mit Hilfe eines vergifteten Kleides in den Tod getrieben (S. 216 f.)
Steinigung ihrer Kinder durch den Pöbel (S. 219 f.)

POLITISCHE UND PERSÖNLICHE MOTIVE DER VERLEUMDER

b) Verursacher und ihre Motive:

Akamas: Angst, Medea könne ihr Wissen um den „Staatsmord" an Iphinoe publik machen (S. 76 ff.)
ambivalentes Freund-Feind-Verhältnis zu Medea (S. 113 ff.)

Agameda: Neid, Missgunst, verletzte Eitelkeit (S. 84 f.)

Presbon: verletzte Eitelkeit (S. 33)

Aufgabe 3 **

Medea und Agameda, zwei Heilerinnen aus Kolchis? Untersuchen Sie anhand der Behandlung Glaukes, wie sie ihre Tätigkeit verstehen.

Mögliche Lösung (stichpunktartig):

a) Medea:
ist geduldig mit Glauke (S. 136)
nimmt Glauke und ihre Ängste ernst (S. 136)
veranlasst Glauke sich mit ihrem „Vergangenheitstrauma" auseinanderzusetzen, um ihre Ängste zu besiegen (S. 138 f., 146)
baut Glaukes Selbstbewusstsein auf und befreit sie aus ihrer Isolation (S. 131, 133, 143 ff.)

Medea hilft selbstlos, ohne Eigeninteressen. Für sie stehen der Patient und seine Heilung im Vordergrund.

b) Agameda:
pflanzt in Glauke Misstrauen und Aversionen gegen Medea und vernichtet damit Medeas Heilerfolge bei Glauke (S. 129 ff.)
beaufsichtigt Glauke, therapiert sie nicht
bestärkt Glauke in ihrem Negativbild von sich selbst (S. 132)
treibt Glauke durch die Verstärkung ihrer Unsicherheit wieder in ihre Krankheit zurück (S. 148 f.)

Agamedas Handeln ist stets auf sich und ihren Vorteil bezogen, die Heilung Glaukes interessiert sie nicht, sie ist ihr nur Mittel zum Zweck.

AGAMEDA HANDELT IM EIGENINTERESSE AUCH GEGEN DAS WOHL DER PATIENTEN

Aufgabe 4 ***

***Medea* kann man auch als autobiografischen Schlüsselroman lesen. Arbeiten Sie heraus, wie sich Christa Wolf in der Figur der Medea darstellt.**

Mögliche Lösung (stichpunktartig):
Christa Wolf spiegelt ihre eigenen Erfahrungen in der Figur der Medea wider:

MEDEA IST DAS POSITIVE SPIEGELBILD CHRISTA WOLFS

→ Beide genießen hohes Ansehen in ihrer Heimat und einen guten Ruf im Ausland: Medea ist eine beim Volk hochangesehene Prinzessin, ihr Ruf ist ihr bis nach Korinth vorausgeeilt. Christa Wolf ist eine hochangesehene Schriftstellerin in der DDR, die auch im Ausland erfolgreich war/ist.

→ Medea und Wolf verlieren ihr Heimatland (Medea geht nach Korinth, Wolf wird nach der Wiedervereinigung Westdeutsche) und werden hier zunächst aufgrund des Rufes, der ihnen vorauseilt, ehrenvoll empfangen.

→ Sowohl Medea wie auch Christa Wolf eignen sich nicht die Lebensauffassungen ihrer neuen Heimat an, sondern bleiben sich und ihrer Überzeugung treu:
Medea arbeitet stolz und selbstbewusst auch in Korinth offen als Heilerin. Wolf bekennt sich in ihren Arbeiten weiterhin zum Sozialismus und sympathisiert offen mit den Idealen der DDR.

→ Sowohl Medeas wie auch Christa Wolfs Ruf wird auf unredliche Weise demontiert: Medeas durch das Gerücht, sie habe ihren Bruder ermordet, Christa Wolfs durch die „Ausschlachtung" ihrer Stasivergangenheit.

LITERATUR

Zitierte Ausgabe:

Wolf, Christa: *Medea. Stimmen. Roman.* Frankfurt a. M.: suhrkamp taschenbuch, 2008

Erstausgabe:

Wolf, Christa: *Medea. Stimmen. Roman.* München: Luchterhand Literaturverlag, 1996

Sekundärliteratur:

Baumer, Franz: *Christa Wolf.* Berlin: Colloquium Verlag, 1988 (Köpfe des 20. Jahrhunderts, Band 110)

Ehrhardt, Marie-Luise: *Christa Wolfs ‚Medea', eine Gestalt auf der Zeitengrenze.* Würzburg: Verlag Königshausen & Neumann GmbH, 2000

Franz, Joachim (Hrsg.): *Christa Wolf. ‚Medea. Stimmen'. Arbeitsmaterial mit Aufgaben.* Freising: Stark Verlagsgesellschaft mbH, 1999 (Arbeitshefte für Schüler). → Vielfältiges Material zu *Medea*, z. T. allerdings stark gekürzt und eigenwillig zusammengestellt

Hochgeschurz, Marianne (Hrsg.): *Christa Wolfs ‚Medea'. Voraussetzungen zu einem Text.* München: dtv, 2000

Mayer, Friederike: *Potenzierte Fremdheit: Medea – die wilde Frau. Betrachtungen zu Christa Wolfs Roman ‚Medea. Stimmen.'.* In: „literatur für leser", 1997/2, S. 85–94

Meyer-Gosau, Frauke (E), Bock, Hans-Michael (B), Hammerschmidt, Volker (B), Oettel, Andreas (B): *Christa Wolf.* In: Arnold, Heinz Ludwig (Hrsg.): Kritisches Lexikon zur deutschsprachigen Gegenwartsliteratur. München: edition text + kritik, 1992, 54. Nlg., S. 1–18, S. A – C

Paul, Georgina: *Schwierigkeiten mit der Dialektik: zu Christa Wolfs ‚Medea. Stimmen'.* In: „German Life and Letters", 50/2, April 1997, S. 227–240

Roser, Birgit: *Mythenbehandlung und Kompositionstechnik in Christa Wolfs ‚Medea. Stimmen.'* Frankfurt/Main: Peter Lang Europäischer Verlag der Wissenschaften, 2000 (Münchener Studien zur literarischen Kultur in Deutschland)

Stephan, Alexander: *Christa Wolf.* München: Verlag C. H. Beck, [3]1987 (Beck'sche Reihe; 603: Autorenbücher)

Rezensionen:

Anz, Thomas: *Medea – Opfer eines Rufmords. Christa Wolfs Weiterarbeit am Mythos.* In: „Süddeutsche Zeitung", 2./3. März 1996

Balzer, Jens: *Tobt nicht, rast nicht, flucht nicht. Die Königin ist nicht Täterin, sondern reines Opfer: Christa Wolf gibt ‚Medea. Stimmen'.* In: „Die Zeit", 23. Februar 1996

Fuhrmann, Manfred: *Honecker heißt jetzt Aietes. Aber Medea wird verteufelt human: Christa Wolf schreibt den Mythos neu.* In: „Frankfurter Allgemeine Zeitung", 2. März 1996

Hage, Volker: *Kein Mord, nirgends. Ein Angriff auf die Macht und die Männer: Christa Wolfs Schlüsselroman ‚Medea'.* In: „Der Spiegel", 26. Februar 1996, S. 202–208

Löffler, Sigrid: *Medea des Ostens. In ihrem neuen Roman ‚Medea. Stimmen' adaptiert Christa Wolf erneut einen antiken Mythos – mit durchsichtigen Mitteln und in eigener Sache.* In: „Falter", Nr. 9, 1996

März, Ursula: *Modell Medea. Christa Wolfs neuer Roman – ein Anti-Euripides als Mitteilungsprosa.* In: „Frankfurter Rundschau", 9. März 1996

Meyer-Gosau, Frauke: *Kassiber von drüben. Die DDR aus der Schlüssellochperspektive: der Roman ‚Medea' von Christa Wolf lädt zum Dechiffrieren und Spekulieren ein.* In: „Die Woche", 8. März 1996

Püschel, Ursula: *„Ich selbst bin die Protagonistin". Christa Wolf: ‚Medea. Stimmen.'* In: „Neue Deutsche Literatur", H. 2, 1996, S. 134–141

Weiterführende Literatur:

Adams, Marion: *Christa Wolf: Marxismus und Patriarchat.* In: Jurgensen, Manfred (Hrsg.): Frauenliteratur. Autorinnen. Perspektiven. Konzepte. München: dtv, 1983

Anz, Thomas (Hrsg.): *Es geht nicht um Christa Wolf. Der Literaturstreit im vereinten Deutschland.* Frankfurt/Main: Fischer Taschenbuchverlag, 1995

Beitler, Ulrike E.: *Kassandra.* München: Mentor, 1996 (Mentor Lektüre Durchblicke, Band 318)

Brune, Joachim, Lörchinger, Heribert u. a.: *„aber die Mauern bauen die Menschen sich selbst …".* Speyer und Arnstadt: SIL und ThILLM, 1992. → Darstellung und Dokumentation der deutschen Wiedervereinigung, besonders interessant sind die Reden und Pressekommentare sowie 100 Schülerarbeiten aus Rheinland-Pfalz und Thüringen

Euripides: *Medea.* Griechisch/Deutsch, übersetzt und hrsg. von Karl Heinz Eller. Stuttgart: Philipp Reclam junior, 1998

Frischhauer, Paul: *Theater-Geschichte. Die Welt der Bühne als Bühne der Welt.* Band 1: Die Antike. München: Wilhelm Heyne Verlag, 1977

Der kleine Pauly. *Lexikon der Antike in fünf Bänden.* München: dtv, 1979

Koch, Arno (Hrsg.): *„Misch Dich ein". Karikaturen, Fakten, Texte zum Thema ‚Umgang mit Fremden und Minderheiten in unserer Gesellschaft'.* München: Cartoon-Caricature-Contor, ²1993.
→ Besonders informativ durch die vielen quellenbelegten Fakten zur Fremdenfeindlichkeit in Deutschland

Lütkehaus, Ludger (Hrsg.): *Mythos Medea.* Leipzig: Reclam Verlag, 2001 (Reclam Bibliothek Leipzig, Band 20006)

Matzkowski, Bernd: *Kassandra.* Hollfeld: C. Bange Verlag, ⁴1999 (Königs Erläuterungen und Materialien, Band 372)

Melchinger, Siegfried: *Euripides.* München: dtv, ²1971 (Dramatiker des Welttheaters)

Niehaus, Michael: *„Ich, die Literatur, die ich spreche ..." Der Monolog in der Literatur im 20. Jahrhundert.* Würzburg: Verlag Königshausen & Neumann GmbH, 1995 (Epistemata. Würzburger wissenschaftliche Schriften, Reihe Literaturwissenschaft, Band 140)

Schwab, Gustav: *Die schönsten Sagen des klassischen Altertums.* Wien: Tosa Verlag, o. J.

Internet-Adressen:

http://www.hdg.de/lemo/html/biografien/WolfChrista/index.html (Stand Mai 2011)
→ Tabellarische Biografie Christa Wolfs bis 1989/90

http://www.egotrip.de/lesen/medea.html (Stand Mai 2001)
→ Hier findet man die Besprechung zu *Medea. Stimmen*: „Der Fluch des Selbstbewusstseins"

http://www.lisa-frauen.de/aktuelles/aktuelles_seiten/vortraege.html (Stand Mai 2001)
→ Über diese Adresse kommt man an den Vortragstext von Dr. Eleonora Pfeifer: „Medea aus feministischer Sicht. Vorstellung des Romans von Christa Wolf, *Medea. Stimmen*"

http://www.tabularasa-jena.de/artikel/artikel_60/
(Stand Mai 2011)
→ Hier findet man den Aufsatz von Roberto Simanowski: „Wem gefallen gefallene Mythen? Christa Wolfs *Medea* – eine Stimme"

http://www.freitag.de/kultur/0046-abhaengig-meinungen
(Stand Mai 2011)
→ Hier findet man das Interview von Günter Gaus mit Christa Wolf: „Ich bin nicht mehr abhängig von Meinungen anderer", aus: Freitag 46, vom 10. November 2000

Aus diesen Internetseiten wurde zitiert. Auch wenn Links sich im Laufe der Zeit als nicht mehr gültig herausstellen, müssen sie im Rahmen des Urheberrechts dennoch aufgeführt werden.

STICHWORTVERZEICHNIS